卞尺丹几乙し丹卞と
Translated Language Learning

Siddhartha

An Indian Poem
Et Indisk Digt

Hermann Hesse

English / Dansk

Copyright © 2024 Tranzlaty
All rights reserved
Published by Tranzlaty
Siddhartha – Eine Indische Dichtung
ISBN: 978-1-83566-679-1
Original text by Hermann Hesse
First published in German in 1922
www.tranzlaty.com

The Son of the Brahman
Brahmanens søn

In the shade of the house
I skyggen af huset
in the sunshine of the riverbank
i solskin ved flodbredden
near the boats
tæt på bådene
in the shade of the Sal-wood forest
i skyggen af Sal-wood skoven
in the shade of the fig tree
i figentræets skygge
this is where Siddhartha grew up
det er her Siddhartha voksede op
he was the handsome son of a Brahman, the young falcon
han var den smukke søn af en Brahman, den unge falk
he grew up with his friend Govinda
han voksede op med sin ven Govinda
Govinda was also the son of a Brahman
Govinda var også søn af en brahman
by the banks of the river the sun tanned his light shoulders
ved flodens bredder garvede solen hans lyse skuldre
bathing, performing the sacred ablutions, making sacred offerings
badning, udføre de hellige afvaskninger, gøre hellige ofringer
In the mango garden, shade poured into his black eyes
I mangohaven strømmede skyggen ind i hans sorte øjne
when playing as a boy, when his mother sang
når han spillede som dreng, når hans mor sang
when the sacred offerings were made
da de hellige ofre blev ofret
when his father, the scholar, taught him
da hans far, den lærde, underviste ham
when the wise men talked
når de vise mænd talte

For a long time, Siddhartha had been partaking in the discussions of the wise men
I lang tid havde Siddhartha deltaget i de vise mænds diskussioner
he practiced debating with Govinda
han øvede sig i at debattere med Govinda
he practiced the art of reflection with Govinda
han praktiserede refleksionens kunst med Govinda
and he practiced meditation
og han praktiserede meditation
He already knew how to speak the Om silently
Han vidste allerede, hvordan han skulle tale om lydløst
he knew the word of words
han kendte ordenes ord
he spoke it silently into himself while inhaling
han talte det stille ind i sig selv, mens han trak vejret
he spoke it silently out of himself while exhaling
han talte det tavst ud af sig selv, mens han udåndede
he did this with all the concentration of his soul
han gjorde dette med hele sin sjæls koncentration
his forehead was surrounded by the glow of the clear-thinking spirit
hans pande var omgivet af den klart tænkende ånds skær
He already knew how to feel Atman in the depths of his being
Han vidste allerede, hvordan han skulle føle Atman i dybet af sit væsen
he could feel the indestructible
han kunne mærke det uforgængelige
he knew what it was to be at one with the universe
han vidste, hvad det var at være i ét med universet
Joy leapt in his father's heart
Glæden sprang i hans fars hjerte
because his son was quick to learn
fordi hans søn var hurtig til at lære
he was thirsty for knowledge

han tørstede efter viden
his father could see him growing up to become a great wise man
hans far kunne se ham vokse op til at blive en stor klog mand
he could see him becoming a priest
han kunne se ham blive præst
he could see him becoming a prince among the Brahmans
han kunne se ham blive en prins blandt brahmanerne
Bliss leapt in his mother's breast when she saw him walking
Bliss sprang i sin mors bryst, da hun så ham gå
Bliss leapt in her heart when she saw him sit down and get up
Bliss sprang i hendes hjerte, da hun så ham sætte sig ned og rejse sig
Siddhartha was strong and handsome
Siddhartha var stærk og smuk
he, who was walking on slender legs
han, der gik på slanke ben
he greeted her with perfect respect
han hilste hende med fuldkommen respekt
Love touched the hearts of the Brahmans' young daughters
Kærlighed rørte Brahmanernes unge døtres hjerter
they were charmed when Siddhartha walked through the lanes of the town
de blev charmeret, da Siddhartha gik gennem byens gader
his luminous forehead, his eyes of a king, his slim hips
hans lysende pande, hans øjne som en konge, hans slanke hofter
But most of all he was loved by Govinda
Men mest af alt var han elsket af Govinda
Govinda, his friend, the son of a Brahman
Govinda, hans ven, søn af en brahman
He loved Siddhartha's eye and sweet voice
Han elskede Siddharthas øje og søde stemme
he loved the way he walked
han elskede måden han gik på

and he loved the perfect decency of his movements
og han elskede den perfekte anstændighed i sine bevægelser
he loved everything Siddhartha did and said
han elskede alt, hvad Siddhartha gjorde og sagde
but what he loved most was his spirit
men det, han elskede mest, var hans ånd
he loved his transcendent, fiery thoughts
han elskede sine transcendente, brændende tanker
he loved his ardent will and high calling
han elskede sin brændende vilje og høje kald
Govinda knew he would not become a common Brahman
Govinda vidste, at han ikke ville blive en almindelig brahman
no, he would not become a lazy official
nej, han ville ikke blive en doven embedsmand
no, he would not become a greedy merchant
nej, han ville ikke blive en grådig købmand
not a vain, vacuous speaker
ikke en forfængelig, tom taler
nor a mean, deceitful priest
heller ikke en ond, løgnagtig præst
and he also would not become a decent, stupid sheep
og han ville heller ikke blive et anstændigt, dumt får
a sheep in the herd of the many
et får i de manges flok
and he did not want to become one of those things
og han ønskede ikke at blive en af de ting
he did not want to be one of those tens of thousands of Brahmans
han ønskede ikke at være en af de titusinder af brahmaner
He wanted to follow Siddhartha; the beloved, the splendid
Han ønskede at følge Siddhartha; den elskede, den pragtfulde
in days to come, when Siddhartha would become a god, he would be there
i de kommende dage, når Siddhartha ville blive en gud, ville han være der
when he would join the glorious, he would be there

når han ville slutte sig til det herlige, ville han være der
Govinda wanted to follow him as his friend
Govinda ville følge ham som sin ven
he was his companion and his servant
han var hans ledsager og hans tjener
he was his spear-carrier and his shadow
han var hans spydbærer og hans skygge
Siddhartha was loved by everyone
Siddhartha var elsket af alle
He was a source of joy for everybody
Han var en kilde til glæde for alle
he was a delight for them all
han var en fryd for dem alle
But he, Siddhartha, was not a source of joy for himself
Men han, Siddhartha, var ikke en kilde til glæde for sig selv
he found no delight in himself
han fandt ingen glæde i sig selv
he walked the rosy paths of the fig tree garden
han gik på de rosenrøde stier i figentræets have
he sat in the bluish shade in the garden of contemplation
han sad i den blålige skygge i kontemplationens have
he washed his limbs daily in the bath of repentance
han vaskede dagligt sine lemmer i omvendelsens bad
he made sacrifices in the dim shade of the mango forest
han ofrede i mangoskovens dunkle skygge
his gestures were of perfect decency
hans fagter var af fuldkommen anstændighed
he was everyone's love and joy
han var alles kærlighed og glæde
but he still lacked all joy in his heart
men han manglede stadig al Glæde i sit Hjerte
Dreams and restless thoughts came into his mind
Drømme og rastløse tanker kom ind i hans sind
his dreams flowed from the water of the river
hans drømme flød fra flodens vand
his dreams sparked from the stars of the night

hans drømme udløste af nattens stjerner
his dreams melted from the beams of the sun
hans drømme smeltede fra solens stråler
dreams came to him, and a restlessness of the soul came to him
drømme kom til ham, og en uro i sjælen kom til ham
his soul was fuming from the sacrifices
hans sjæl rystede af ofringerne
he breathed forth from the verses of the Rig-Veda
han åndede frem fra Rig-Vedas vers
the verses were infused into him, drop by drop
versene blev tilført ham, dråbe for dråbe
the verses from the teachings of the old Brahmans
versene fra de gamle brahmaners lære
Siddhartha had started to nurse discontent in himself
Siddhartha var begyndt at pleje utilfredshed med sig selv
he had started to feel doubt about the love of his father
han var begyndt at tvivle på sin fars kærlighed
he doubted the love of his mother
han tvivlede på sin mors kærlighed
and he doubted the love of his friend, Govinda
og han tvivlede på sin vens, Govindas kærlighed
he doubted if their love could bring him joy forever and ever
han tvivlede på, om deres kærlighed kunne bringe ham glæde for evigt og altid
their love could not nurse him
deres kærlighed kunne ikke amme ham
their love could not feed him
deres kærlighed kunne ikke brødføde ham
their love could not satisfy him
deres kærlighed kunne ikke tilfredsstille ham
he had started to suspect his father's teachings
han var begyndt at mistænke sin fars lære
perhaps he had shown him everything he knew
måske havde han vist ham alt, hvad han vidste

there were his other teachers, the wise Brahmans
der var hans andre lærere, de kloge brahmaner
perhaps they had already revealed to him the best of their wisdom
måske havde de allerede åbenbaret det bedste af deres visdom for ham
he feared that they had already filled his expecting vessel
han frygtede, at de allerede havde fyldt hans ventende kar
despite the richness of their teachings, the vessel was not full
på trods af rigdommen i deres lære var beholderen ikke fuld
the spirit was not content
ånden var ikke tilfreds
the soul was not calm
sjælen var ikke rolig
the heart was not satisfied
hjertet var ikke tilfreds
the ablutions were good, but they were water
afvaskningerne var gode, men de var vand
the ablutions did not wash off the sin
afvaskningerne vaskede ikke synden af
they did not heal the spirit's thirst
de helbredte ikke åndens tørst
they did not relieve the fear in his heart
de lindrede ikke frygten i hans hjerte
The sacrifices and the invocation of the gods were excellent
Ofringerne og påkaldelsen af guderne var fremragende
but was that all there was?
men var det alt der var?
did the sacrifices give a happy fortune?
gav ofrene en lykkelig formue?
and what about the gods?
og hvad med guderne?
Was it really Prajapati who had created the world?
Var det virkelig Prajapati, der havde skabt verden?
Was it not the Atman who had created the world?

Var det ikke Atman, der havde skabt verden?
Atman, the only one, the singular one
Atman, den eneste, den ene
Were the gods not creations?
Var guderne ikke skabelser?
were they not created like me and you?
var de ikke skabt som mig og dig?
were the Gods not subject to time?
var guderne ikke underlagt tiden?
were the Gods mortal? Was it good?
var guderne dødelige? Var det godt?
was it right? was it meaningful?
var det rigtigt? var det meningsfuldt?
was it the highest occupation to make offerings to the gods?
var det den højeste beskæftigelse at ofre til guderne?
For whom else were offerings to be made?
For hvem skulle der ellers ofres?
who else was to be worshipped?
hvem skulle ellers tilbedes?
who else was there, but Him?
hvem var der ellers end ham?
The only one, the Atman
Den eneste, Atman
And where was Atman to be found?
Og hvor var Atman at finde?
where did He reside?
hvor boede han?
where did His eternal heart beat?
hvor bankede hans evige hjerte?
where else but in one's own self?
hvor andet end i ens eget jeg?
in its innermost indestructible part
i sin inderste uforgængelige del
could he be that which everyone had in himself?
kunne han være det, som alle havde i sig selv?
But where was this self?

Men hvor var dette jeg?
where was this innermost part?
hvor var denne inderste del?
where was this ultimate part?
hvor var denne ultimative del?
It was not flesh and bone
Det var ikke kød og ben
it was neither thought nor consciousness
det var hverken tanke eller bevidsthed
this is what the wisest ones taught
det er, hvad de klogeste lærte
So where was it?
Så hvor var det?
the self, myself, the Atman
selvet, mig selv, Atman
To reach this place, there was another way
For at nå dette sted var der en anden vej
was this other way worth looking for?
var denne anden måde værd at lede efter?
Alas, nobody showed him this way
Ak, ingen viste ham på denne måde
nobody knew this other way
ingen vidste det på en anden måde
his father did not know it
hans far vidste det ikke
and the teachers and wise men did not know it
og lærerne og de vise mænd vidste det ikke
They knew everything, the Brahmans
De vidste alt, brahmanerne
and their holy books knew everything
og deres hellige bøger vidste alt
they had taken care of everything
de havde sørget for alt
they took care of the creation of the world
de tog sig af verdens skabelse
they described origin of speech, food, inhaling, exhaling

de beskrev oprindelse af tale, mad, indånding, udånding
they described the arrangement of the senses
de beskrev sansernes arrangement
they described the acts of the gods
de beskrev gudernes handlinger
their books knew infinitely much
deres bøger vidste uendeligt meget
but was it valuable to know all of this?
men var det værdifuldt at vide alt dette?
was there not only one thing to be known?
var der ikke kun én ting at vide?
was there still not the most important thing to know?
var der stadig ikke det vigtigste at vide?
many verses of the holy books spoke of this innermost, ultimate thing
mange vers i de hellige bøger talte om denne inderste, ultimative ting
it was spoken of particularly in the Upanishades of Samaveda
det blev især talt om i Upanishaderne i Samaveda
they were wonderful verses
det var vidunderlige vers
"Your soul is the whole world", this was written there
"Din sjæl er hele verden", stod der der
and it was written that man in deep sleep would meet with his innermost part
og det stod skrevet, at mennesket i dyb søvn ville møde sit inderste
and he would reside in the Atman
og han ville bo i Atman
Marvellous wisdom was in these verses
Forunderlig visdom var i disse vers
all knowledge of the wisest ones had been collected here in magic words
al viden om de klogeste var her samlet i magiske ord
it was as pure as honey collected by bees

den var så ren som honning indsamlet af bier
No, the verses were not to be looked down upon
Nej, versene var ikke til at se ned på
they contained tremendous amounts of enlightenment
de indeholdt enorme mængder af oplysning
they contained wisdom which lay collected and preserved
de indeholdt visdom, som lå samlet og bevaret
wisdom collected by innumerable generations of wise Brahmans
visdom indsamlet af utallige generationer af kloge brahmaner
But where were the Brahmans?
Men hvor var brahmanerne?
where were the priests?
hvor var præsterne?
where the wise men or penitents?
hvor de vise mænd eller angrende?
where were those that had succeeded?
hvor var de, der havde haft succes?
where were those who knew more than deepest of all knowledge?
hvor var de, der vidste mere end den dybeste af al viden?
where were those that also lived out the enlightened wisdom?
hvor var de, der også udlevede den oplyste visdom?
Where was the knowledgeable one who brought Atman out of his sleep?
Hvor var den kyndige, der fik Atman ud af søvnen?
who had brought this knowledge into the day?
hvem havde bragt denne viden ind i dagen?
who had taken this knowledge into their life?
hvem havde taget denne viden ind i deres liv?
who carried this knowledge with every step they took?
hvem bar denne viden med hvert skridt de tog?
who had married their words with their deeds?
hvem havde giftet deres ord med deres gerninger?
Siddhartha knew many venerable Brahmans

Siddhartha kendte mange ærværdige brahmaner
his father, the pure one
hans far, den rene
the scholar, the most venerable one
den lærde, den mest ærværdige
His father was worthy of admiration
Hans far var værdig til beundring
quiet and noble were his manners
stille og ædel var hans manerer
pure was his life, wise were his words
rent var hans liv, kloge var hans ord
delicate and noble thoughts lived behind his brow
sarte og ædle tanker levede bag hans pande
but even though he knew so much, did he live in blissfulness?
men selvom han vidste så meget, levede han i lyksalighed?
despite all his knowledge, did he have peace?
trods al hans viden, havde han fred?
was he not also just a searching man?
var han ikke også bare en søgende mand?
was he still not a thirsty man?
var han stadig ikke en tørstig mand?
Did he not have to drink from holy sources again and again?
Behøvede han ikke at drikke af hellige kilder igen og igen?
did he not drink from the offerings?
drak han ikke af ofringerne?
did he not drink from the books?
drak han ikke af bøgerne?
did he not drink from the disputes of the Brahmans?
drak han ikke af brahmanernes stridigheder?
Why did he have to wash off sins every day?
Hvorfor skulle han vaske synder af hver dag?
must he strive for a cleansing every day?
skal han stræbe efter en udrensning hver dag?
over and over again, every day
igen og igen, hver dag

Was Atman not in him?
Var Atman ikke i ham?
did not the pristine source spring from his heart?
udsprang den uberørte kilde ikke fra hans hjerte?
the pristine source had to be found in one's own self
den uberørte kilde skulle findes i ens eget jeg
the pristine source had to be possessed!
den uberørte kilde skulle besiddes!
doing anything else else was searching
at gøre noget andet var at søge
taking any other pass is a detour
at tage ethvert andet pas er en omvej
going any other way leads to getting lost
at gå en anden vej fører til at fare vild
These were Siddhartha's thoughts
Dette var Siddharthas tanker
this was his thirst, and this was his suffering
dette var hans tørst, og dette var hans lidelse
Often he spoke to himself from a Chandogya-Upanishad:
Ofte talte han til sig selv fra en Chandogya-Upanishad:
"Truly, the name of the Brahman is Satyam"
"Virkelig, Brahmanens navn er Satyam"
"he who knows such a thing, will enter the heavenly world every day"
"den, der ved sådan noget, kommer hver dag ind i den himmelske verden"
Often the heavenly world seemed near
Ofte syntes den himmelske verden nær
but he had never reached the heavenly world completely
men han var aldrig nået helt til den himmelske verden
he had never quenched the ultimate thirst
han havde aldrig slukket den ultimative tørst
And among all the wise and wisest men, none had reached it
Og blandt alle de vise og klogeste mænd var der ingen, der havde nået det
he received instructions from them

han modtog instruktioner fra dem
but they hadn't completely reached the heavenly world
men de var ikke helt nået til den himmelske verden
they hadn't completely quenched their thirst
de havde ikke fået stillet tørsten helt
because this thirst is an eternal thirst
fordi denne tørst er en evig tørst

"Govinda" Siddhartha spoke to his friend
"Govinda" Siddhartha talte til sin ven
"Govinda, my dear, come with me under the Banyan tree"
"Govinda, min kære, kom med mig under Banyan-træet"
"let's practise meditation"
"lad os øve os i meditation"
They went to the Banyan tree
De gik til Banyan-træet
under the Banyan tree they sat down
under Banyan-træet satte de sig
Siddhartha was right here
Siddhartha var lige her
Govinda was twenty paces away
Govinda var tyve skridt væk
Siddhartha seated himself and he repeated murmuring the verse
Siddhartha satte sig, og han gentog og mumlede verset
Om is the bow, the arrow is the soul
Om er buen, pilen er sjælen
The Brahman is the arrow's target
Brahmanen er pilens mål
the target that one should incessantly hit
målet, som man uophørligt skulle ramme
the usual time of the exercise in meditation had passed
den sædvanlige tid for øvelsen i meditation var gået
Govinda got up, the evening had come
Govinda rejste sig, aftenen var kommet
it was time to perform the evening's ablution

det var tid til at udføre aftenens afvaskning
He called Siddhartha's name, but Siddhartha did not answer
Han kaldte Siddharthas navn, men Siddhartha svarede ikke
Siddhartha sat there, lost in thought
Siddhartha sad der, fortabt i tanker
his eyes were rigidly focused towards a very distant target
hans øjne var stift fokuseret mod et meget fjernt mål
the tip of his tongue was protruding a little between the teeth
spidsen af hans tunge stak lidt ud mellem tænderne
he seemed not to breathe
han syntes ikke at trække vejret
Thus sat he, wrapped up in contemplation
Sådan sad han, indhyllet i fordybelse
he was deep in thought of the Om
han tænkte dybt på Om
his soul sent after the Brahman like an arrow
hans sjæl sendte efter Brahmanen som en pil
Once, Samanas had travelled through Siddhartha's town
Engang havde Samanas rejst gennem Siddharthas by
they were ascetics on a pilgrimage
de var asketer på pilgrimsrejse
three skinny, withered men, neither old nor young
tre magre, visne mænd, hverken gamle eller unge
dusty and bloody were their shoulders
støvede og blodige var deres skuldre
almost naked, scorched by the sun, surrounded by loneliness
næsten nøgen, brændt af solen, omgivet af ensomhed
strangers and enemies to the world
fremmede og fjender af verden
strangers and jackals in the realm of humans
fremmede og sjakaler i menneskers rige
Behind them blew a hot scent of quiet passion
Bag dem blæste en varm duft af stille lidenskab
a scent of destructive service

en duft af destruktiv service
a scent of merciless self-denial
en duft af nådesløs selvfornægtelse
the evening had come
aftenen var kommet
after the hour of contemplation, Siddhartha spoke to Govinda
efter kontemplationens time talte Siddhartha til Govinda
"Early tomorrow morning, my friend, Siddhartha will go to the Samanas"
"Tidligt i morgen tidlig, min ven, Siddhartha vil tage til Samanas"
"He will become a Samana"
"Han vil blive en Samana"
Govinda turned pale when he heard these words
Govinda blev bleg, da han hørte disse ord
and he read the decision in the motionless face of his friend
og han læste beslutningen i sin vens ubevægelige ansigt
the determination was unstoppable, like the arrow shot from the bow
beslutsomheden var ustoppelig, ligesom pilen skød fra buen
Govinda realized at first glance; now it is beginning
Govinda indså ved første øjekast; nu begynder det
now Siddhartha is taking his own way
nu tager Siddhartha sin egen vej
now his fate is beginning to sprout
nu begynder hans skæbne at spire
and because of Siddhartha, Govinda's fate is sprouting too
og på grund af Siddhartha er Govindas skæbne også ved at spire
he turned pale like a dry banana-skin
han blev bleg som et tørt bananskind
"Oh Siddhartha," he exclaimed
"Åh Siddhartha," udbrød han
"will your father permit you to do that?"
"vil din far tillade dig at gøre det?"

Siddhartha looked over as if he was just waking up
Siddhartha så hen, som om han lige var ved at vågne op
like an Arrow he read Govinda's soul
som en pil læste han Govindas sjæl
he could read the fear and the submission in him
han kunne læse frygten og underkastelsen i ham
"Oh Govinda," he spoke quietly, "let's not waste words"
"Åh Govinda," sagde han stille, "lad os ikke spilde ord"
"Tomorrow at daybreak I will begin the life of the Samanas"
"I morgen ved daggry vil jeg begynde Samanaernes liv"
"let us speak no more of it"
"lad os ikke tale mere om det"

Siddhartha entered the chamber where his father was sitting
Siddhartha gik ind i kammeret, hvor hans far sad
his father was was on a mat of bast
hans far var på en måtte af bast
Siddhartha stepped behind his father
Siddhartha trådte bag sin far
and he remained standing behind him
og han blev stående bag ham
he stood until his father felt that someone was standing behind him
han stod, indtil hans far mærkede, at der stod nogen bag ham
Spoke the Brahman: "Is that you, Siddhartha?"
Talte Brahmanen: "Er det dig, Siddhartha?"
"Then say what you came to say"
"Så sig hvad du kom for at sige"
Spoke Siddhartha: "With your permission, my father"
Siddhartha sagde: "Med din tilladelse, min far"
"I came to tell you that it is my longing to leave your house tomorrow"
"Jeg kom for at fortælle dig, at det er min længsel at forlade dit hus i morgen"
"I wish to go to the ascetics"
"Jeg ønsker at gå til asketerne"

"My desire is to become a Samana"
"Mit ønske er at blive en Samana"
"May my father not oppose this"
"Må min far ikke modsætte sig dette"
The Brahman fell silent, and he remained so for long
Brahmanen tav, og det forblev han længe
the stars in the small window wandered
stjernerne i det lille vindue vandrede
and they changed their relative positions
og de ændrede deres relative holdninger
Silent and motionless stood the son with his arms folded
Tavs og ubevægelig stod sønnen med foldede arme
silent and motionless sat the father on the mat
tavs og ubevægelig sad faderen på måtten
and the stars traced their paths in the sky
og stjernerne sporede deres veje på himlen
Then spoke the father
Så talte faderen
"it is not proper for a Brahman to speak harsh and angry words"
"det er ikke passende for en brahman at tale hårde og vrede ord"
"But indignation is in my heart"
"Men indignation er i mit hjerte"
"I wish not to hear this request for a second time"
"Jeg ønsker ikke at høre denne anmodning for anden gang"
Slowly, the Brahman rose
Langsomt rejste Brahman sig
Siddhartha stood silently, his arms folded
Siddhartha stod stille med foldede arme
"What are you waiting for?" asked the father
"Hvad venter du på?" spurgte faderen
Spoke Siddhartha, "You know what I'm waiting for"
Siddhartha sagde: "Du ved, hvad jeg venter på"
Indignant, the father left the chamber
Indigneret forlod faderen kammeret

indignant, he went to his bed and lay down
forarget gik han hen til sin seng og lagde sig
an hour passed, but no sleep had come over his eyes
der gik en time, men der var ingen søvn kommet over hans øjne
the Brahman stood up and he paced to and fro
Brahmanen rejste sig, og han gik frem og tilbage
and he left the house in the night
og han forlod huset om natten
Through the small window of the chamber he looked back inside
Gennem det lille vindue i kammeret så han ind igen
and there he saw Siddhartha standing
og der så han Siddhartha stå
his arms were folded and he had not moved from his spot
hans arme var foldede, og han havde ikke bevæget sig fra sin plads
Pale shimmered his bright robe
Bleg glitrede sin lyse kappe
With anxiety in his heart, the father returned to his bed
Med angst i hjertet vendte faderen tilbage til sin seng
another sleepless hour passed
endnu en søvnløs time gik
since no sleep had come over his eyes, the Brahman stood up again
da der ikke var kommet søvn over hans øjne, rejste Brahmanen sig igen
he paced to and fro, and he walked out of the house
han gik frem og tilbage, og han gik ud af huset
and he saw that the moon had risen
og han så, at månen var gået op
Through the window of the chamber he looked back inside
Gennem vinduet i kammeret så han ind igen
there stood Siddhartha, unmoved from his spot
der stod Siddhartha, uberørt fra sin plads
his arms were folded, as they had been

hans arme var foldede, som de havde været
moonlight was reflecting from his bare shins
måneskin reflekterede fra hans bare skinneben
With worry in his heart, the father went back to bed
Med bekymring i hjertet gik faderen tilbage i seng
he came back after an hour
han kom tilbage efter en time
and he came back again after two hours
og han kom tilbage igen efter to timer
he looked through the small window
han kiggede gennem det lille vindue
he saw Siddhartha standing in the moon light
han så Siddhartha stå i månens lys
he stood by the light of the stars in the darkness
han stod ved stjernernes lys i mørket
And he came back hour after hour
Og han kom tilbage time efter time
silently, he looked into the chamber
lydløst kiggede han ind i kammeret
he saw him standing in the same place
han så ham stå samme sted
it filled his heart with anger
det fyldte hans hjerte med vrede
it filled his heart with unrest
det fyldte hans hjerte med uro
it filled his heart with anguish
det fyldte hans hjerte med angst
it filled his heart with sadness
det fyldte hans hjerte med sorg
the night's last hour had come
nattens sidste time var kommet
his father returned and stepped into the room
hans far vendte tilbage og trådte ind i værelset
he saw the young man standing there
han så den unge mand stå der
he seemed tall and like a stranger to him

han virkede høj og som en fremmed for ham
"Siddhartha," he spoke, "what are you waiting for?"
"Siddhartha," sagde han, "hvad venter du på?"
"You know what I'm waiting for"
"Du ved hvad jeg venter på"
"Will you always stand that way and wait?
"Vil du altid stå sådan og vente?
"I will always stand and wait"
"Jeg vil altid stå og vente"
"will you wait until it becomes morning, noon, and evening?"
"vil du vente til det bliver morgen, middag og aften?"
"I will wait until it become morning, noon, and evening"
"Jeg vil vente til det bliver morgen, middag og aften"
"You will become tired, Siddhartha"
"Du vil blive træt, Siddhartha"
"I will become tired"
"Jeg bliver træt"
"You will fall asleep, Siddhartha"
"Du vil falde i søvn, Siddhartha"
"I will not fall asleep"
"Jeg vil ikke falde i søvn"
"You will die, Siddhartha"
"Du vil dø, Siddhartha"
"I will die," answered Siddhartha
"Jeg vil dø," svarede Siddhartha
"And would you rather die, than obey your father?"
"Og vil du hellere dø end adlyde din far?"
"Siddhartha has always obeyed his father"
"Siddhartha har altid adlydt sin far"
"So will you abandon your plan?"
"Så vil du opgive din plan?"
"Siddhartha will do what his father will tell him to do"
"Siddhartha vil gøre, hvad hans far vil bede ham om at gøre"
The first light of day shone into the room
Det første dagslys skinnede ind i lokalet

The Brahman saw that Siddhartha knees were softly trembling
Brahmanen så, at Siddharthas knæ rystede sagte
In Siddhartha's face he saw no trembling
I Siddharthas ansigt så han ingen skælven
his eyes were fixed on a distant spot
hans øjne var rettet mod et fjernt sted
This was when his father realized
Det var da hans far indså det
even now Siddhartha no longer dwelt with him in his home
selv nu boede Siddhartha ikke længere hos ham i hans hjem
he saw that he had already left him
han så, at han allerede havde forladt ham
The Father touched Siddhartha's shoulder
Faderen rørte ved Siddharthas skulder
"You will," he spoke, "go into the forest and be a Samana"
"Du vil," sagde han, "gå ind i skoven og være en Samana"
"When you find blissfulness in the forest, come back"
"Når du finder lyksalighed i skoven, så kom tilbage"
"come back and teach me to be blissful"
"kom tilbage og lær mig at være lyksalig"
"If you find disappointment, then return"
"Hvis du finder skuffelse, så vend tilbage"
"return and let us make offerings to the gods together, again"
"vend tilbage og lad os bringe ofre til guderne sammen igen"
"Go now and kiss your mother"
"Gå nu og kys din mor"
"tell her where you are going"
"fortæl hende hvor du skal hen"
"But for me it is time to go to the river"
"Men for mig er det tid til at gå til floden"
"it is my time to perform the first ablution"
"det er min tid til at udføre den første afvaskning"
He took his hand from the shoulder of his son, and went outside
Han tog sin hånd fra sin søns skulder og gik udenfor

Siddhartha wavered to the side as he tried to walk
Siddhartha vaklede til siden, mens han forsøgte at gå
He put his limbs back under control and bowed to his father
Han satte sine lemmer tilbage under kontrol og bøjede sig for sin far
he went to his mother to do as his father had said
han gik til sin mor for at gøre, som hans far havde sagt
As he slowly left on stiff legs a shadow rose near the last hut
Da han langsomt gik på stive ben, rejste en skygge sig nær den sidste hytte
who had crouched there, and joined the pilgrim?
hvem havde krøbet der og sluttet sig til pilgrimmen?
"Govinda, you have come" said Siddhartha and smiled
"Govinda, du er kommet" sagde Siddhartha og smilede
"I have come," said Govinda
"Jeg er kommet," sagde Govinda

With the Samanas
Med Samanaerne

In the evening of this day they caught up with the ascetics
Om aftenen denne dag indhentede de asketerne
the ascetics; the skinny Samanas
asketerne; de magre Samanas
they offered them their companionship and obedience
de tilbød dem deres følgeskab og lydighed
Their companionship and obedience were accepted
Deres kammeratskab og lydighed blev accepteret
Siddhartha gave his garments to a poor Brahman in the street
Siddhartha gav sine klæder til en fattig Brahman på gaden
He wore nothing more than a loincloth and earth-coloured, unsown cloak
Han bar ikke andet end et lændeklæde og jordfarvet, usået kappe
He ate only once a day, and never anything cooked
Han spiste kun en gang om dagen, og aldrig lavede noget
He fasted for fifteen days, he fasted for twenty-eight days
Han fastede i femten dage, han fastede i otteogtyve dage
The flesh waned from his thighs and cheeks
Kødet aftog fra hans lår og kinder
Feverish dreams flickered from his enlarged eyes
Feberagtige drømme flimrede fra hans forstørrede øjne
long nails grew slowly on his parched fingers
lange negle voksede langsomt på hans udtørrede fingre
and a dry, shaggy beard grew on his chin
og et tørt, pjusket skæg voksede på hans hage
His glance turned to ice when he encountered women
Hans blik blev til is, da han stødte på kvinder
he walked through a city of nicely dressed people
han gik gennem en by med pænt klædte mennesker
his mouth twitched with contempt for them
hans mund rykkede af foragt for dem

He saw merchants trading and princes hunting
Han så købmænd handle og fyrster på jagt
he saw mourners wailing for their dead
han så sørgende jamre over deres døde
and he saw whores offering themselves
og han så horer, der ofrede sig
physicians trying to help the sick
læger, der forsøger at hjælpe de syge
priests determining the most suitable day for seeding
præster, der bestemmer den bedst egnede dag for såning
lovers loving and mothers nursing their children
elskere og mødre, der ammer deres børn
and all of this was not worthy of one look from his eyes
og alt dette var ikke et eneste blik værd fra hans øjne
it all lied, it all stank, it all stank of lies
det hele løj, det hele stank, det hele stank af løgn
it all pretended to be meaningful and joyful and beautiful
det hele foregav at være meningsfuldt og glædeligt og smukt
and it all was just concealed putrefaction
og det hele var bare skjult forrådnelse
the world tasted bitter; life was torture
verden smagte bittert; livet var tortur

A single goal stood before Siddhartha
Et enkelt mål stod foran Siddhartha
his goal was to become empty
hans mål var at blive tom
his goal was to be empty of thirst
hans mål var at være tom for tørst
empty of wishing and empty of dreams
tom for ønsker og tom for drømme
empty of joy and sorrow
tom for glæde og sorg
his goal was to be dead to himself
hans mål var at være død for sig selv
his goal was not to be a self any more

hans mål var ikke at være et selv mere
his goal was to find tranquillity with an emptied heart
hans mål var at finde ro med et tomt hjerte
his goal was to be open to miracles in unselfish thoughts
hans mål var at være åben for mirakler i uselviske tanker
to achieve this was his goal
at nå dette var hans mål
when all of his self was overcome and had died
da hele hans selv var overvundet og var død
when every desire and every urge was silent in the heart
da ethvert ønske og enhver trang var tavs i hjertet
then the ultimate part of him had to awake
så måtte den ultimative del af ham vågne
the innermost of his being, which is no longer his self
det inderste af hans væsen, som ikke længere er hans jeg
this was the great secret
dette var den store hemmelighed

Silently, Siddhartha exposed himself to the burning rays of the sun
Stille udsatte Siddhartha sig for solens brændende stråler
he was glowing with pain and he was glowing with thirst
han glødede af smerte, og han glødede af tørst
and he stood there until he neither felt pain nor thirst
og han stod der, indtil han hverken følte smerte eller tørst
Silently, he stood there in the rainy season
Tavs stod han der i regntiden
from his hair the water was dripping over freezing shoulders
fra hans hår dryppede vandet over de frysende skuldre
the water was dripping over his freezing hips and legs
vandet dryppede ud over hans frysende hofter og ben
and the penitent stood there
og den angrende stod der
he stood there until he could not feel the cold any more
han stod der, indtil han ikke kunne mærke kulden mere

he stood there until his body was silent
han stod der, indtil hans krop tav
he stood there until his body was quiet
han stod der, indtil hans krop var stille
Silently, he cowered in the thorny bushes
Tavst kurede han sammen i de tornede buske
blood dripped from the burning skin
blod dryppede fra den brændende hud
blood dripped from festering wounds
blod dryppede fra gnagende sår
and Siddhartha stayed rigid and motionless
og Siddhartha forblev stiv og ubevægelig
he stood until no blood flowed any more
han stod, indtil der ikke flød mere blod
he stood until nothing stung any more
han blev stående, indtil intet sved mere
he stood until nothing burned any more
han stod, indtil intet mere brændte
Siddhartha sat upright and learned to breathe sparingly
Siddhartha sad oprejst og lærte at trække vejret sparsomt
he learned to get along with few breaths
han lærte at klare sig med få vejrtrækninger
he learned to stop breathing
han lærte at holde op med at trække vejret
He learned, beginning with the breath, to calm the beating of his heart
Han lærte, begyndende med åndedrættet, at dæmpe sit hjertes slag
he learned to reduce the beats of his heart
han lærte at reducere sit hjertes slag
he meditated until his heartbeats were only a few
han mediterede, indtil hans hjerteslag kun var få
and then his heartbeats were almost none
og så var hans hjerteslag næsten ingen
Instructed by the oldest of the Samanas, Siddhartha practised self-denial

Instrueret af den ældste af Samanaerne praktiserede
Siddhartha selvfornægtelse
he practised meditation, according to the new Samana rules
han praktiserede meditation i henhold til de nye Samana-
regler
A heron flew over the bamboo forest
En hejre fløj over bambusskoven
Siddhartha accepted the heron into his soul
Siddhartha accepterede hejren i hans sjæl
he flew over forest and mountains
han fløj over skov og bjerge
he was a heron, he ate fish
han var en hejre, han spiste fisk
he felt the pangs of a heron's hunger
han mærkede smerten af en hejres sult
he spoke the heron's croak
han talte hejrens kvække
he died a heron's death
han døde en hejres død
A dead jackal was lying on the sandy bank
En død sjakal lå på den sandede bred
Siddhartha's soul slipped inside the body of the dead jackal
Siddharthas sjæl gled ind i kroppen af den døde sjakal
he was the dead jackal laying on the banks and bloated
han var den døde sjakal, der lå på bredden og oppustet
he stank and decayed and was dismembered by hyenas
han stank og forfaldt og blev sønderrevet af hyæner
he was skinned by vultures and turned into a skeleton
han blev flået af gribbe og forvandlet til et skelet
he was turned to dust and blown across the fields
han blev forvandlet til støv og blæst hen over markerne
And Siddhartha's soul returned
Og Siddharthas sjæl vendte tilbage
it had died, decayed, and was scattered as dust
den var død, forfalden og blev spredt som støv
it had tasted the gloomy intoxication of the cycle

den havde smagt cyklussens dystre rus
it awaited with a new thirst, like a hunter in the gap
den ventede med en ny tørst, som en jæger i gabet
in the gap where he could escape from the cycle
i hullet, hvor han kunne flygte fra cyklussen
in the gap where an eternity without suffering began
i hullet, hvor en evighed uden lidelse begyndte
he killed his senses and his memory
han dræbte sine sanser og sin hukommelse
he slipped out of his self into thousands of other forms
han gled ud af sig selv til tusindvis af andre former
he was an animal, a carrion, a stone
han var et dyr, et ådsel, en sten
he was wood and water
han var træ og vand
and he awoke every time to find his old self again
og han vågnede hver gang for at finde sit gamle jeg igen
whether sun or moon, he was his self again
om sol eller måne, han var sig selv igen
he turned round in the cycle
han vendte sig om i cyklussen
he felt thirst, overcame the thirst, felt new thirst
han følte tørst, overvandt tørsten, følte ny tørst

Siddhartha learned a lot when he was with the Samanas
Siddhartha lærte meget, da han var sammen med Samanaerne
he learned many ways leading away from the self
han lærte mange måder at lede væk fra selvet
he learned how to let go
han lærte at give slip
He went the way of self-denial by means of pain
Han gik vejen til selvfornægtelse ved hjælp af smerte
he learned self-denial through voluntarily suffering and overcoming pain
han lærte selvfornægtelse gennem frivillig lidelse og overvindelse af smerte

he overcame hunger, thirst, and tiredness
han overvandt sult, tørst og træthed
He went the way of self-denial by means of meditation
Han gik vejen til selvfornægtelse ved hjælp af meditation
he went the way of self-denial through imagining the mind to be void of all conceptions
han gik vejen til selvfornægtelse ved at forestille sig, at sindet var tomt for alle forestillinger
with these and other ways he learned to let go
med disse og andre måder lærte han at give slip
a thousand times he left his self
tusind gange forlod han sig selv
for hours and days he remained in the non-self
i timer og dage forblev han i ikke-selvet
all these ways led away from the self
alle disse veje førte væk fra selvet
but their path always led back to the self
men deres vej førte altid tilbage til selvet
Siddhartha fled from the self a thousand times
Siddhartha flygtede fra selvet tusind gange
but the return to the self was inevitable
men tilbagevenden til selvet var uundgåelig
although he stayed in nothingness, coming back was inevitable
selvom han forblev i intetheden, var det uundgåeligt at komme tilbage
although he stayed in animals and stones, coming back was inevitable
selvom han opholdt sig i dyr og sten, var det uundgåeligt at komme tilbage
he found himself in the sunshine or in the moonlight again
han befandt sig i solskinnet eller i måneskin igen
he found himself in the shade or in the rain again
han befandt sig i skyggen eller i regnen igen
and he was once again his self; Siddhartha
og han var igen sig selv; Siddhartha

and again he felt the agony of the cycle which had been forced upon him
og igen mærkede han smerten i den cyklus, som var blevet påtvunget ham

by his side lived Govinda, his shadow
ved hans side boede Govinda, hans skygge
Govinda walked the same path and undertook the same efforts
Govinda gik den samme vej og påtog sig de samme anstrengelser
they spoke to one another no more than the exercises required
de talte ikke mere til hinanden end de øvelser, der krævede
occasionally the two of them went through the villages
af og til gik de to gennem landsbyerne
they went to beg for food for themselves and their teachers
de gik for at tigge om mad til sig selv og deres lærere
"How do you think we have progressed, Govinda" he asked
"Hvordan tror du, vi er kommet videre, Govinda," spurgte han
"Did we reach any goals?" Govinda answered
"Nåede vi nogle mål?" svarede Govinda
"We have learned, and we'll continue learning"
"Vi har lært, og vi vil fortsætte med at lære"
"You'll be a great Samana, Siddhartha"
"Du vil være en stor Samana, Siddhartha"
"Quickly, you've learned every exercise"
"Hurtigt, du har lært hver øvelse"
"often, the old Samanas have admired you"
"ofte har de gamle Samanaer beundret dig"
"One day, you'll be a holy man, oh Siddhartha"
"En dag vil du være en hellig mand, åh Siddhartha"
Spoke Siddhartha, "I can't help but feel that it is not like this, my friend"
Siddhartha sagde: "Jeg kan ikke undgå at føle, at det ikke er sådan, min ven"

"What I've learned being among the Samanas could have been learned more quickly"
"Det, jeg har lært at være blandt Samanaerne, kunne have lært hurtigere"
"it could have been learned by simpler means"
"det kunne have været lært på en enklere måde"
"it could have been learned in any tavern"
"det kunne have været lært i enhver værtshus"
"it could have been learned where the whorehouses are"
"det kunne være blevet lært, hvor horehusene er"
"I could have learned it among carters and gamblers"
"Jeg kunne have lært det blandt vognmænd og gamblere"
Spoke Govinda, "Siddhartha is joking with me"
Talte Govinda, "Siddhartha joker med mig"
"How could you have learned meditation among wretched people?"
"Hvordan kunne du have lært meditation blandt elendige mennesker?"
"how could whores have taught you about holding your breath?"
"hvordan kunne ludere have lært dig at holde vejret?"
"how could gamblers have taught you insensitivity against pain?"
"hvordan kunne spillere have lært dig ufølsomhed over for smerte?"
Siddhartha spoke quietly, as if he was talking to himself
Siddhartha talte stille, som om han talte til sig selv
"What is meditation?"
"Hvad er meditation?"
"What is leaving one's body?"
"Hvad forlader ens krop?"
"What is fasting?"
"Hvad er faste?"
"What is holding one's breath?"
"Hvad holder ens vejrtrækning?"
"It is fleeing from the self"

"Det er at flygte fra selvet"
"it is a short escape of the agony of being a self"
"det er en kort flugt fra smerten ved at være et selv"
"it is a short numbing of the senses against the pain"
"det er en kort bedøvelse af sanserne mod smerten"
"it is avoiding the pointlessness of life"
"det er at undgå livets meningsløshed"
"The same numbing is what the driver of an ox-cart finds in the inn"
"Den samme bedøvelse er, hvad føreren af en oksevogn finder i kroen"
"drinking a few bowls of rice-wine or fermented coconut-milk"
"drikke et par skåle risvin eller fermenteret kokosmælk"
"Then he won't feel his self anymore"
"Så vil han ikke mærke sig selv mere"
"then he won't feel the pains of life anymore"
"så vil han ikke mærke livets smerter mere"
"then he finds a short numbing of the senses"
"så finder han en kort bedøvelse af sanserne"
"When he falls asleep over his bowl of rice-wine, he'll find the same what we find"
"Når han falder i søvn over sin skål med risvin, finder han det samme, som vi finder"
"he finds what we find when we escape our bodies through long exercises"
"han finder, hvad vi finder, når vi undslipper vores kroppe gennem lange øvelser"
"all of us are staying in the non-self"
"vi bliver alle i ikke-selvet"
"This is how it is, oh Govinda"
"Sådan er det, åh Govinda"
Spoke Govinda, "You say so, oh friend"
Talte Govinda: "Du siger det, åh ven"
"and yet you know that Siddhartha is no driver of an ox-cart"

"og alligevel ved du, at Siddhartha ikke er fører af en oksevogn"
"and you know a Samana is no drunkard"
"og du ved, at en Samana ikke er en drukkenbolt"
"it's true that a drinker numbs his senses"
"det er rigtigt, at en drikker bedøver sine sanser"
"it's true that he briefly escapes and rests"
"det er rigtigt, at han kortvarigt flygter og hviler sig"
"but he'll return from the delusion and finds everything to be unchanged"
"men han vil vende tilbage fra vildfarelsen og finder, at alt er uændret"
"he has not become wiser"
"han er ikke blevet klogere"
"he has gathered any enlightenment"
"han har samlet enhver oplysning"
"he has not risen several steps"
"han har ikke rejst sig flere trin"
And Siddhartha spoke with a smile
Og Siddhartha talte med et smil
"I do not know, I've never been a drunkard"
"Jeg ved det ikke, jeg har aldrig været en drukkenbolt"
"I know that I find only a short numbing of the senses"
"Jeg ved, at jeg kun finder en kort bedøvelse af sanserne"
"I find it in my exercises and meditations"
"Jeg finder det i mine øvelser og meditationer"
"and I find I am just as far removed from wisdom as a child in the mother's womb"
"og jeg finder, at jeg er lige så langt væk fra visdom som et barn i moderens mave"
"this I know, oh Govinda"
"det ved jeg, åh Govinda"

And once again, another time, Siddhartha began to speak
Og endnu en gang, en anden gang, begyndte Siddhartha at tale

Siddhartha had left the forest, together with Govinda
Siddhartha havde forladt skoven sammen med Govinda
they left to beg for some food in the village
de gik for at tigge om noget mad i landsbyen
he said, "What now, oh Govinda?"
han sagde: "Hvad nu, åh Govinda?"
"are we on the right path?"
"er vi på rette vej?"
"are we getting closer to enlightenment?"
"er vi tættere på oplysning?"
"are we getting closer to salvation?"
"kommer vi nærmere frelsen?"
"Or do we perhaps live in a circle?"
"Eller lever vi måske i ring?"
"we, who have thought we were escaping the cycle"
"vi, der har troet, vi undslap cyklussen"
Spoke Govinda, "We have learned a lot"
Talte Govinda: "Vi har lært meget"
"Siddhartha, there is still much to learn"
"Siddhartha, der er stadig meget at lære"
"We are not going around in circles"
"Vi går ikke rundt i cirkler"
"we are moving up; the circle is a spiral"
"vi bevæger os op; cirklen er en spiral"
"we have already ascended many levels"
"vi har allerede steget mange niveauer"
Siddhartha answered, "How old would you think our oldest Samana is?"
Siddhartha svarede: "Hvor gammel ville du tro, at vores ældste Samana er?"
"how old is our venerable teacher?"
"hvor gammel er vores ærværdige lærer?"
Spoke Govinda, "Our oldest one might be about sixty years of age"
Govinda sagde: "Vores ældste er måske omkring tres år gammel"

Spoke Siddhartha, "He has lived for sixty years"
Siddhartha sagde: "Han har levet i tres år"
"and yet he has not reached the nirvana"
"og alligevel har han ikke nået nirvana"
"He'll turn seventy and eighty"
"Han bliver halvfjerds og firs"
"you and me, we will grow just as old as him"
"du og mig, vi bliver lige så gamle som ham"
"and we will do our exercises"
"og vi vil lave vores øvelser"
"and we will fast, and we will meditate"
"og vi vil faste, og vi vil meditere"
"But we will not reach the nirvana"
"Men vi når ikke nirvana"
"he won't reach nirvana and we won't"
"han når ikke nirvana, og vi vil ikke"
"there are uncountable Samanas out there"
"der er utallige Samanas derude"
"perhaps not a single one will reach the nirvana"
"måske ikke en eneste vil nå nirvana"
"We find comfort, we find numbness, we learn feats"
"Vi finder trøst, vi finder følelsesløshed, vi lærer bedrifter"
"we learn these things to deceive others"
"vi lærer disse ting for at bedrage andre"
"But the most important thing, the path of paths, we will not find"
"Men det vigtigste, stiernes vej, finder vi ikke"
Spoke Govinda "If you only wouldn't speak such terrible words, Siddhartha!"
Talte Govinda "Hvis du bare ikke ville sige så forfærdelige ord, Siddhartha!"
"there are so many learned men"
"der er så mange lærde mænd"
"how could not one of them not find the path of paths?"
"hvordan kunne ikke en af dem ikke finde stiernes vej?"
"how can so many Brahmans not find it?"

"hvordan kan så mange brahmaner ikke finde det?"
"how can so many austere and venerable Samanas not find it?"
"hvordan kan så mange strenge og ærværdige Samanaer ikke finde det?"
"how can all those who are searching not find it?"
"hvordan kan alle dem, der søger, ikke finde det?"
"how can the holy men not find it?"
"hvordan kan de hellige mænd ikke finde det?"
But Siddhartha spoke with as much sadness as mockery
Men Siddhartha talte med lige så meget sorg som hån
he spoke with a quiet, a slightly sad, a slightly mocking voice
han talte med en stille, en lidt trist, en lidt hånende stemme
"Soon, Govinda, your friend will leave the path of the Samanas"
"Snart, Govinda, vil din ven forlade Samanas vej"
"he has walked along your side for so long"
"han har gået langs din side så længe"
"I'm suffering of thirst"
"Jeg lider af tørst"
"on this long path of a Samana, my thirst has remained as strong as ever"
"på denne lange vej af en Samana er min tørst forblevet så stærk som nogensinde"
"I always thirsted for knowledge"
"Jeg tørstede altid efter viden"
"I have always been full of questions"
"Jeg har altid været fuld af spørgsmål"
"I have asked the Brahmans, year after year"
"Jeg har spurgt brahmanerne år efter år"
"and I have asked the holy Vedas, year after year"
"og jeg har spurgt de hellige Vedaer, år efter år"
"and I have asked the devoted Samanas, year after year"
"og jeg har spurgt de hengivne Samanas, år efter år"
"perhaps I could have learned it from the hornbill bird"

"måske kunne jeg have lært det af næsehornsfuglen"
"perhaps I should have asked the chimpanzee"
"måske skulle jeg have spurgt chimpansen"
"It took me a long time"
"Det tog mig lang tid"
"and I am not finished learning this yet"
"og jeg er ikke færdig med at lære det endnu"
"oh Govinda, I have learned that there is nothing to be learned!"
"åh Govinda, jeg har lært, at der ikke er noget at lære!"
"There is indeed no such thing as learning"
"Der er faktisk ikke noget der hedder læring"
"There is just one knowledge"
"Der er kun én viden"
"this knowledge is everywhere, this is Atman"
"denne viden er overalt, dette er Atman"
"this knowledge is within me and within you"
"denne viden er i mig og i dig"
"and this knowledge is within every creature"
"og denne viden er i enhver skabning"
"this knowledge has no worse enemy than the desire to know it"
"denne viden har ingen værre fjende end ønsket om at kende den"
"that is what I believe"
"det er hvad jeg tror"
At this, Govinda stopped on the path
Ved dette stoppede Govinda på stien
he rose his hands, and spoke
han rejste sine hænder og talte
"If only you would not bother your friend with this kind of talk"
"Bare du ikke ville genere din ven med den slags snak"
"Truly, your words stir up fear in my heart"
"Sandelig, dine ord vækker frygt i mit hjerte"
"consider, what would become of the sanctity of prayer?"

"tænk over, hvad der ville blive af bønnens hellighed?"
"what would become of the venerability of the Brahmans' caste?"
"hvad ville der blive af ærværdigheden af brahmanernes kaste?"
"what would happen to the holiness of the Samanas?
"hvad ville der ske med Samanaernes hellighed?
"What would then become of all of that is holy"
"Hvad ville der så blive af alt det der er helligt"
"what would still be precious?"
"hvad ville stadig være dyrebart?"
And Govinda mumbled a verse from an Upanishad to himself
Og Govinda mumlede et vers fra en Upanishad for sig selv
"He who ponderingly, of a purified spirit, loses himself in the meditation of Atman"
"Den, der overvejende, af en renset ånd, fortaber sig i Atmans meditation"
"inexpressible by words is the blissfulness of his heart"
"uudsigelig med ord er hans hjertes salighed"
But Siddhartha remained silent
Men Siddhartha forblev tavs
He thought about the words which Govinda had said to him
Han tænkte på de ord, som Govinda havde sagt til ham
and he thought the words through to their end
og han gennemtænkte ordene til deres ende
he thought about what would remain of all that which seemed holy
han tænkte på, hvad der ville blive tilbage af alt det, der syntes helligt
What remains? What can stand the test?
Hvad er tilbage? Hvad kan tåle testen?
And he shook his head
Og han rystede på hovedet

the two young men had lived among the Samanas for about three years
de to unge mænd havde boet blandt Samanaerne i omkring tre år
some news, a rumour, a myth reached them
nogle nyheder, et rygte, en myte nåede dem
the rumour had been retold many times
rygtet var blevet genfortalt mange gange
A man had appeared, Gotama by name
En mand var dukket op, Gotama ved navn
the exalted one, the Buddha
den ophøjede, Buddha
he had overcome the suffering of the world in himself
han havde overvundet verdens lidelse i sig selv
and he had halted the cycle of rebirths
og han havde standset cyklussen af genfødsler
He was said to wander through the land, teaching
Man sagde, at han vandrede gennem landet og underviste
he was said to be surrounded by disciples
man sagde, at han var omgivet af disciple
he was said to be without possession, home, or wife
han sagdes at være uden besiddelse, hjem eller kone
he was said to be in just the yellow cloak of an ascetic
det siges, at han kun var i en askets gule kappe
but he was with a cheerful brow
men han var med et muntert pande
and he was said to be a man of bliss
og han blev sagt at være en salig mand
Brahmans and princes bowed down before him
Brahmaner og prinser bøjede sig for ham
and they became his students
og de blev hans elever
This myth, this rumour, this legend resounded
Denne myte, dette rygte, denne legende rungede
its fragrance rose up, here and there, in the towns
dens Duft steg op, hist og her, i Byerne

the Brahmans spoke of this legend
brahmanerne talte om denne legende
and in the forest, the Samanas spoke of it
og i skoven talte Samanaerne om det
again and again, the name of Gotama the Buddha reached the ears of the young men
igen og igen nåede navnet på Buddha Gotama de unge mænds ører
there was good and bad talk of Gotama
der var god og dårlig snak om Gotama
some praised Gotama, others defamed him
nogle roste Gotama, andre bagtalte ham
It was as if the plague had broken out in a country
Det var, som om pesten var brudt ud i et land
news had been spreading around that in one or another place there was a man
der havde spredt sig nyheder om, at der et eller andet sted var en mand
a wise man, a knowledgeable one
en klog mand, en vidende
a man whose word and breath was enough to heal everyone
en mand, hvis ord og åndedræt var nok til at helbrede alle
his presence could heal anyone who had been infected with the pestilence
hans tilstedeværelse kunne helbrede enhver, der var blevet smittet med pest
such news went through the land, and everyone would talk about it
sådanne nyheder gik gennem landet, og alle ville tale om det
many believed the rumours, many doubted them
mange troede på rygterne, mange tvivlede på dem
but many got on their way as soon as possible
men mange kom afsted hurtigst muligt
they went to seek the wise man, the helper
de gik for at søge den vise mand, hjælperen
the wise man of the family of Sakya

den kloge mand af familien Sakya
He possessed, so the believers said, the highest enlightenment
Han besad, sagde de troende, den højeste oplysning
he remembered his previous lives; he had reached the nirvana
han huskede sine tidligere liv; han havde nået nirvana
and he never returned into the cycle
og han vendte aldrig tilbage i cyklussen
he was never again submerged in the murky river of physical forms
han blev aldrig mere nedsænket i den mørke flod af fysiske former
Many wonderful and unbelievable things were reported of him
Mange vidunderlige og utrolige ting blev rapporteret om ham
he had performed miracles
han havde udført mirakler
he had overcome the devil
han havde overvundet djævelen
he had spoken to the gods
han havde talt til guderne
But his enemies and disbelievers said Gotama was a vain seducer
Men hans fjender og vantro sagde, at Gotama var en forfængelig forfører
they said he spent his days in luxury
de sagde, at han tilbragte sine dage i luksus
they said he scorned the offerings
de sagde, at han foragtede ofringerne
they said he was without learning
de sagde, at han var uden at lære
they said he knew neither meditative exercises nor self-castigation
de sagde, at han hverken kendte til meditative øvelser eller selvkastigation

The myth of Buddha sounded sweet
Myten om Buddha lød sød
The scent of magic flowed from these reports
Duften af magi flød fra disse rapporter
After all, the world was sick, and life was hard to bear
Verden var trods alt syg, og livet var svært at bære
and behold, here a source of relief seemed to spring forth
og se, her syntes en kilde til lettelse at springe frem
here a messenger seemed to call out
her syntes en budbringer at råbe
comforting, mild, full of noble promises
trøstende, mild, fuld af ædle løfter
Everywhere where the rumour of Buddha was heard, the young men listened up
Overalt, hvor rygtet om Buddha blev hørt, lyttede de unge mænd
everywhere in the lands of India they felt a longing
overalt i Indiens Lande følte de en Længsel
everywhere where the people searched, they felt hope
overalt, hvor folket søgte, følte de håb
every pilgrim and stranger was welcome when he brought news of him
enhver pilgrim og fremmed var velkommen, når han bragte nyheder om ham
the exalted one, the Sakyamuni
den ophøjede, Sakyamuni
The myth had also reached the Samanas in the forest
Myten var også nået til Samanas i skoven
and Siddhartha and Govinda heard the myth too
og Siddhartha og Govinda hørte også myten
slowly, drop by drop, they heard the myth
langsomt, dråbe for dråbe, hørte de myten
every drop was laden with hope
hver dråbe var fyldt med håb
every drop was laden with doubt
hver dråbe var fyldt med tvivl

They rarely talked about it
De talte sjældent om det
because the oldest one of the Samanas did not like this myth
fordi den ældste af Samanaerne ikke kunne lide denne myte
he had heard that this alleged Buddha used to be an ascetic
han havde hørt, at denne påståede Buddha plejede at være asket
he heard he had lived in the forest
han hørte han havde boet i skoven
but he had turned back to luxury and worldly pleasures
men han var vendt tilbage til luksus og verdslige fornøjelser
and he had no high opinion of this Gotama
og han havde ingen høj opfattelse af denne Gotama

"Oh Siddhartha," Govinda spoke one day to his friend
"Åh Siddhartha," talte Govinda en dag til sin ven
"Today, I was in the village"
"I dag var jeg i landsbyen"
"and a Brahman invited me into his house"
"og en Brahman inviterede mig ind i sit hus"
"and in his house, there was the son of a Brahman from Magadha"
"og i hans hus var der søn af en brahman fra Magadha"
"he has seen the Buddha with his own eyes"
"han har set Buddha med sine egne øjne"
"and he has heard him teach"
"og han har hørt ham undervise"
"Verily, this made my chest ache when I breathed"
"Sandelig, det gjorde ondt i brystet, når jeg trak vejret"
"and I thought this to myself:"
"og jeg tænkte dette ved mig selv:"
"if only we heard the teachings from the mouth of this perfected man!"
"hvis vi bare hørte læren fra denne fuldkomne mands mund!"
"Speak, friend, wouldn't we want to go there too"
"Tal, ven, ville vi ikke også gerne gå derhen"

"wouldn't it be good to listen to the teachings from the Buddha's mouth?"
"Ville det ikke være godt at lytte til læren fra Buddhas mund?"
Spoke Siddhartha, "I had thought you would stay with the Samanas"
Siddhartha sagde: "Jeg havde troet, du ville blive hos Samanaerne"
"I always had believed your goal was to live to be seventy"
"Jeg har altid troet, at dit mål var at blive halvfjerds"
"I thought you would keep practising those feats and exercises"
"Jeg troede, du ville blive ved med at øve de bedrifter og øvelser"
"and I thought you would become a Samana"
"og jeg troede du ville blive en Samana"
"But behold, I had not known Govinda well enough"
"Men se, jeg havde ikke kendt Govinda godt nok"
"I knew little of his heart"
"Jeg kendte lidt til hans hjerte"
"So now you want to take a new path"
"Så nu vil du gå en ny vej"
"and you want to go there where the Buddha spreads his teachings"
"og du vil hen, hvor Buddha spreder sin lære"
Spoke Govinda, "You're mocking me"
Sagde Govinda: "Du håner mig"
"Mock me if you like, Siddhartha!"
"Hån mig, hvis du vil, Siddhartha!"
"But have you not also developed a desire to hear these teachings?"
"Men har du ikke også udviklet et ønske om at høre disse lærdomme?"
"have you not said you would not walk the path of the Samanas for much longer?"
"har du ikke sagt, at du ikke ville gå på Samanas vej i meget længere tid?"

At this, Siddhartha laughed in his very own manner
Ved dette lo Siddhartha på sin helt egen måde
the manner in which his voice assumed a touch of sadness
den måde, hvorpå hans stemme antog et strejf af tristhed
but it still had that touch of mockery
men det havde stadig det strejf af hån
Spoke Siddhartha, "Govinda, you've spoken well"
Siddhartha sagde: "Govinda, du har talt godt"
"you've remembered correctly what I said"
"du har husket rigtigt, hvad jeg sagde"
"If only you remembered the other thing you've heard from me"
"Hvis du bare huskede det andet, du har hørt fra mig"
"I have grown distrustful and tired against teachings and learning"
"Jeg er blevet mistroisk og træt over for undervisning og læring"
"my faith in words, which are brought to us by teachers, is small"
"min tro på ord, som bliver bragt til os af lærere, er lille"
"But let's do it, my dear"
"Men lad os gøre det, min kære"
"I am willing to listen to these teachings"
"Jeg er villig til at lytte til disse lærdomme"
"though in my heart I do not have hope"
"selvom jeg ikke har håb i mit hjerte"
"I believe that we've already tasted the best fruit of these teachings"
"Jeg tror, at vi allerede har smagt den bedste frugt af denne lære"
Spoke Govinda, "Your willingness delights my heart"
Govinda sagde: "Din villighed glæder mit hjerte"
"But tell me, how should this be possible?"
"Men fortæl mig, hvordan skulle det være muligt?"
"How can the Gotama's teachings have already revealed their best fruit to us?"

"Hvordan kan Gotamas lære allerede have afsløret deres bedste frugt for os?"
"we have not heard his words yet"
"vi har ikke hørt hans ord endnu"
Spoke Siddhartha, "Let us eat this fruit"
Siddhartha sagde: "Lad os spise denne frugt"
"and let us wait for the rest, oh Govinda!"
"og lad os vente på resten, åh Govinda!"
"But this fruit consists in him calling us away from the Samanas"
"Men denne frugt består i, at han kalder os væk fra Samanaerne"
"and we have already received it thanks to the Gotama!"
"og vi har allerede modtaget det takket være Gotama!"
"Whether he has more, let us await with calm hearts"
"Om han har mere, lad os afvente med rolige hjerter"

On this very same day Siddhartha spoke to the oldest Samana
På samme dag talte Siddhartha med den ældste Samana
he told him of his decision to leaves the Samanas
han fortalte ham om hans beslutning om at forlade Samanaerne
he informed the oldest one with courtesy and modesty
han meddelte den ældste med høflighed og beskedenhed
but the Samana became angry that the two young men wanted to leave him
men Samanaen blev vred over, at de to unge mænd ville forlade ham
and he talked loudly and used crude words
og han talte højt og brugte grove ord
Govinda was startled and became embarrassed
Govinda blev forskrækket og blev flov
But Siddhartha put his mouth close to Govinda's ear
Men Siddhartha lagde sin mund tæt på Govindas øre

"Now, I want to show the old man what I've learned from him"
"Nu vil jeg vise den gamle mand, hvad jeg har lært af ham"
Siddhartha positioned himself closely in front of the Samana
Siddhartha placerede sig tæt foran Samana
with a concentrated soul, he captured the old man's glance
med en koncentreret sjæl fangede han den gamle mands blik
he deprived him of his power and made him mute
han fratog ham hans magt og gjorde ham stum
he took away his free will
han tog sin frie vilje fra sig
he subdued him under his own will, and commanded him
han underkuede ham efter sin egen vilje og befalede ham
his eyes became motionless, and his will was paralysed
hans øjne blev ubevægelige, og hans vilje var lammet
his arms were hanging down without power
hans arme hang ned uden strøm
he had fallen victim to Siddhartha's spell
han var blevet offer for Siddharthas besværgelse
Siddhartha's thoughts brought the Samana under their control
Siddharthas tanker bragte Samana under deres kontrol
he had to carry out what they commanded
han måtte udføre, hvad de befalede
And thus, the old man made several bows
Og således lavede den gamle mand flere buer
he performed gestures of blessing
han udførte velsignelsesbevægelser
he spoke stammeringly a godly wish for a good journey
han talte stammende et gudsønske om en god rejse
the young men returned the good wishes with thanks
de unge mænd returnerede de gode ønsker med tak
they went on their way with salutations
de gik deres vej med hilsener
On the way, Govinda spoke again

På vejen talte Govinda igen

"Oh Siddhartha, you have learned more from the Samanas than I knew"

"Åh Siddhartha, du har lært mere af Samanaerne, end jeg vidste"

"It is very hard to cast a spell on an old Samana"

"Det er meget svært at fortrylle en gammel Samana"

"Truly, if you had stayed there, you would soon have learned to walk on water"

"Hvis du var blevet der, ville du snart have lært at gå på vandet"

"I do not seek to walk on water" said Siddhartha

"Jeg søger ikke at gå på vandet," sagde Siddhartha

"Let old Samanas be content with such feats!"

"Lad gamle Samanas være tilfredse med sådanne bedrifter!"

Gotama

In Savathi, every child knew the name of the exalted Buddha
I Savathi kendte hvert barn navnet på den ophøjede Buddha
every house was prepared for his coming
hvert hus var forberedt til hans komme
each house filled the alms-dishes of Gotama's disciples
hvert hus fyldte Gotamas disciples almisse-fade
Gotama's disciples were the silently begging ones
Gotamas disciple var de stille tiggende
Near the town was Gotama's favourite place to stay
I nærheden af byen var Gotamas foretrukne sted at bo
he stayed in the garden of Jetavana
han opholdt sig i Jetavanas have
the rich merchant Anathapindika had given the garden to Gotama
den rige købmand Anathapindika havde givet haven til Gotama
he had given it to him as a gift
han havde givet ham det i gave
he was an obedient worshipper of the exalted one
han var en lydig tilbeder af den ophøjede
the two young ascetics had received tales and answers
de to unge asketer havde fået fortællinger og svar
all these tales and answers pointed them to Gotama's abode
alle disse fortællinger og svar pegede dem til Gotamas bolig
they arrived in the town of Savathi
de ankom til byen Savathi
they went to the very first door of the town
de gik til byens allerførste dør
and they begged for food at the door
og de bad om mad ved døren
a woman offered them food
en kvinde tilbød dem mad
and they accepted the food

og de tog imod maden
Siddhartha asked the woman
spurgte Siddhartha kvinden
"oh charitable one, where does the Buddha dwell?"
"åh velgørende, hvor bor Buddha?"
"we are two Samanas from the forest"
"vi er to Samanaer fra skoven"
"we have come to see the perfected one"
"vi er kommet for at se den fuldkomne"
"we have come to hear the teachings from his mouth"
"vi er kommet for at høre læren fra hans mund"
Spoke the woman, "you Samanas from the forest"
Sagde kvinden, "I Samanas fra skoven"
"you have truly come to the right place"
"du er virkelig kommet til det rigtige sted"
"you should know, in Jetavana, there is the garden of Anathapindika"
"du burde vide, i Jetavana er der Anathapindikas have"
"that is where the exalted one dwells"
"det er der den ophøjede bor"
"there you pilgrims shall spend the night"
"der skal I pilgrimme overnatte"
"there is enough space for the innumerable, who flock here"
"der er plads nok til de utallige, som flokkes her"
"they too come to hear the teachings from his mouth"
"de kommer også for at høre læren fra hans mund"
This made Govinda happy, and full of joy
Dette gjorde Govinda glad og fuld af glæde
he exclaimed, "we have reached our destination"
udbrød han, "vi har nået vores destination"
"our path has come to an end!"
"vores vej er kommet til en ende!"
"But tell us, oh mother of the pilgrims"
"Men fortæl os, åh pilgrimmens moder"
"do you know him, the Buddha?"
"Kender du ham, Buddha?"

"have you seen him with your own eyes?"
"har du set ham med dine egne øjne?"
Spoke the woman, "Many times I have seen him, the exalted one"
sagde kvinden: "Mange gange har jeg set ham, den ophøjede"
"On many days I have seen him"
"I mange dage har jeg set ham"
"I have seen him walking through the alleys in silence"
"Jeg har set ham gå gennem gyderne i stilhed"
"I have seen him wearing his yellow cloak"
"Jeg har set ham iført sin gule kappe"
"I have seen him presenting his alms-dish in silence"
"Jeg har set ham præsentere sin almisserad i stilhed"
"I have seen him at the doors of the houses"
"Jeg har set ham ved dørene til husene"
"and I have seen him leaving with a filled dish"
"og jeg har set ham gå med et fyldt fad"
Delightedly, Govinda listened to the woman
Fornøjet lyttede Govinda til kvinden
and he wanted to ask and hear much more
og han ville spørge og høre meget mere
But Siddhartha urged him to walk on
Men Siddhartha opfordrede ham til at gå videre
They thanked the woman and left
De takkede kvinden og gik
they hardly had to ask for directions
de behøvede næppe at spørge om vej
many pilgrims and monks were on their way to the Jetavana
mange pilgrimme og munke var på vej til Jetavana
they reached it at night, so there were constant arrivals
de nåede det om natten, så der var konstant ankomster
and those who sought shelter got it
og de, der søgte ly, fik det
The two Samanas were accustomed to life in the forest
De to Samanaer var vant til livet i skoven

so without making any noise they quickly found a place to stay
så uden at lave nogen støj fandt de hurtigt et sted at bo
and they rested there until the morning
og de hvilede der til om morgenen

At sunrise, they saw with astonishment the size of the crowd
Ved solopgang så de med forbløffelse størrelsen af menneskemængden
a great many number of believers had come
et stort antal troende var kommet
and a great number of curious people had spent the night here
og en stor mængde nysgerrige mennesker havde overnattet her
On all paths of the marvellous garden, monks walked in yellow robes
På alle stier i den vidunderlige have gik munke i gule klæder
under the trees they sat here and there, in deep contemplation
under træerne sad de hist og her, i dyb fordybelse
or they were in a conversation about spiritual matters
eller de var i en samtale om åndelige spørgsmål
the shady gardens looked like a city
de skyggefulde haver lignede en by
a city full of people, bustling like bees
en by fuld af mennesker, der myldrer som bier
The majority of the monks went out with their alms-dish
Størstedelen af munkene gik ud med deres almisserad
they went out to collect food for their lunch
de gik ud for at hente mad til deres frokost
this would be their only meal of the day
dette ville være deres eneste måltid på dagen
The Buddha himself, the enlightened one, also begged in the mornings
Buddhaen selv, den oplyste, bad også om morgenen

Siddhartha saw him, and he instantly recognised him
Siddhartha så ham, og han genkendte ham øjeblikkeligt
he recognised him as if a God had pointed him out
han genkendte ham, som om en Gud havde udpeget ham
He saw him, a simple man in a yellow robe
Han så ham, en simpel mand i en gul kappe
he was bearing the alms-dish in his hand, walking silently
han bar almissefadet i hånden og gik tavst
"Look here!" Siddhartha said quietly to Govinda
"Se her!" sagde Siddhartha stille til Govinda
"This one is the Buddha"
"Denne er Buddha"
Attentively, Govinda looked at the monk in the yellow robe
Opmærksomt så Govinda på munken i den gule kappe
this monk seemed to be in no way different from any of the others
denne munk syntes på ingen måde at være anderledes end nogen af de andre
but soon, Govinda also realized that this is the one
men snart indså Govinda også, at det var denne
And they followed him and observed him
Og de fulgte ham og iagttog ham
The Buddha went on his way, modestly and deep in his thoughts
Buddha gik sin vej, beskedent og dybt i sine tanker
his calm face was neither happy nor sad
hans rolige ansigt var hverken glad eller trist
his face seemed to smile quietly and inwardly
hans ansigt syntes at smile stille og inderst inde
his smile was hidden, quiet and calm
hans smil var skjult, stille og roligt
the way the Buddha walked somewhat resembled a healthy child
Buddhas måde at gå på, lignede noget et sundt barn
he walked just as all of his monks did
han gik ligesom alle hans munke

he placed his feet according to a precise rule
han placerede sine fødder efter en præcis regel
his face and his walk, his quietly lowered glance
hans ansigt og hans gang, hans stille sænkede blik
his quietly dangling hand, every finger of it
hans stille dinglende hånd, hver finger af den
all these things expressed peace
alle disse ting udtrykte fred
all these things expressed perfection
alle disse ting udtrykte fuldkommenhed
he did not search, nor did he imitate
han søgte ikke, og han efterlignede heller ikke
he softly breathed inwardly an unwhithering calm
han åndede blidt indadtil en urokkelig ro
he shone outwardly an unwhithering light
han skinnede udadtil et uhvilende lys
he had about him an untouchable peace
han havde en urørlig fred omkring sig
the two Samanas recognised him solely by the perfection of his calm
de to Samanaer genkendte ham udelukkende ved fuldkommenheden af hans ro
they recognized him by the quietness of his appearance
de genkendte ham på hans stilfærdighed
the quietness in his appearance in which there was no searching
stilheden i hans udseende, hvori der ikke var søgen
there was no desire, nor imitation
der var ingen lyst eller efterligning
there was no effort to be seen
der var ingen anstrengelse at se
only light and peace was to be seen in his appearance
kun lys og fred var at se i hans udseende
"Today, we'll hear the teachings from his mouth" said Govinda
"I dag vil vi høre læren fra hans mund," sagde Govinda

Siddhartha did not answer
Siddhartha svarede ikke
He felt little curiosity for the teachings
Han følte lidt nysgerrighed for læren
he did not believe that they would teach him anything new
han troede ikke på, at de ville lære ham noget nyt
he had heard the contents of this Buddha's teachings again and again
han havde hørt indholdet af denne Buddhas lære igen og igen
but these reports only represented second hand information
men disse rapporter repræsenterede kun brugte oplysninger
But attentively he looked at Gotama's head
Men opmærksomt så han på Gotamas hoved
his shoulders, his feet, his quietly dangling hand
hans skuldre, hans fødder, hans stille dinglende hånd
it was as if every finger of this hand was of these teachings
det var som om hver finger på denne hånd var af denne lære
his fingers spoke of truth
hans fingre talte om sandhed
his fingers breathed and exhaled the fragrance of truth
hans fingre åndede og udåndede sandhedens duft
his fingers glistened with truth
hans fingre glimtede af sandhed
this Buddha was truthful down to the gesture of his last finger
denne Buddha var sandfærdig ned til sin sidste fingers gestus
Siddhartha could see that this man was holy
Siddhartha kunne se, at denne mand var hellig
Never before, Siddhartha had venerated a person so much
Aldrig før havde Siddhartha æret en person så meget
he had never before loved a person as much as this one
han havde aldrig før elsket en person så højt som denne
They both followed the Buddha until they reached the town
De fulgte begge Buddha, indtil de nåede byen
and then they returned to their silence
og så vendte de tilbage til deres tavshed

they themselves intended to abstain on this day
de havde selv til hensigt at undlade at stemme på denne dag
They saw Gotama returning the food that had been given to him
De så Gotama returnere den mad, der var blevet givet til ham
what he ate could not even have satisfied a bird's appetite
hvad han spiste kunne ikke engang have stillet en fugls appetit
and they saw him retiring into the shade of the mango-trees
og de så ham trække sig tilbage i skyggen af mangotræerne

in the evening the heat had cooled down
om aftenen var varmen kølet af
everyone in the camp started to bustle about and gathered around
alle i lejren begyndte at travle om og samlede sig omkring
they heard the Buddha teaching, and his voice
de hørte Buddhas lære og hans stemme
and his voice was also perfected
og hans stemme var også fuldkommen
his voice was of perfect calmness
hans stemme var af fuldkommen ro
his voice was full of peace
hans stemme var fuld af fred
Gotama taught the teachings of suffering
Gotama underviste i læren om lidelse
he taught of the origin of suffering
han lærte om lidelsens oprindelse
he taught of the way to relieve suffering
han lærte om måden at lindre lidelse på
Calmly and clearly his quiet speech flowed on
Roligt og tydeligt flød hans stille tale videre
Suffering was life, and full of suffering was the world
Lidelse var livet, og verden var fuld af lidelse
but salvation from suffering had been found
men frelsen fra lidelsen var fundet

salvation was obtained by him who would walk the path of the Buddha
frelsen blev opnået af ham, der ville gå på Buddhas vej
With a soft, yet firm voice the exalted one spoke
Med en blød, dog fast stemme talte den ophøjede
he taught the four main doctrines
han underviste i de fire hovedlærdomme
he taught the eight-fold path
han lærte den ottefoldige vej
patiently he went the usual path of the teachings
tålmodigt gik han den sædvanlige vej i læren
his teachings contained the examples
hans lære indeholdt eksemplerne
his teaching made use of the repetitions
hans undervisning gjorde brug af gentagelserne
brightly and quietly his voice hovered over the listeners
klart og stille svævede hans stemme over tilhørerne
his voice was like a light
hans stemme var som et lys
his voice was like a starry sky
hans stemme var som en stjernehimmel
When the Buddha ended his speech, many pilgrims stepped forward
Da Buddha afsluttede sin tale, trådte mange pilgrimme frem
they asked to be accepted into the community
de bad om at blive optaget i fællesskabet
they sought refuge in the teachings
de søgte tilflugt i læren
And Gotama accepted them by speaking
Og Gotama accepterede dem ved at tale
"You have heard the teachings well"
"Du har hørt læren godt"
"join us and walk in holiness"
"slut dig til os og vandre i hellighed"
"put an end to all suffering"
"sætter en stopper for al lidelse"

Behold, then Govinda, the shy one, also stepped forward and spoke
Se, så trådte også Govinda, den generte, frem og talte
"I also take my refuge in the exalted one and his teachings"
"Jeg tager også min tilflugt til den ophøjede og hans lære"
and he asked to be accepted into the community of his disciples
og han bad om at blive optaget i sine disciples fællesskab
and he was accepted into the community of Gotama's disciples
og han blev optaget i Gotamas disciples fællesskab

the Buddha had retired for the night
Buddha havde trukket sig tilbage for natten
Govinda turned to Siddhartha and spoke eagerly
Govinda vendte sig mod Siddhartha og talte ivrigt
"Siddhartha, it is not my place to scold you"
"Siddhartha, det er ikke mit sted at skælde dig ud"
"We have both heard the exalted one"
"Vi har begge hørt den ophøjede"
"we have both perceived the teachings"
"vi har begge opfattet læren"
"Govinda has heard the teachings"
"Govinda har hørt læren"
"he has taken refuge in the teachings"
"han har søgt tilflugt i læren"
"But, my honoured friend, I must ask you"
"Men min ærede ven, jeg må spørge dig"
"don't you also want to walk the path of salvation?"
"vil du ikke også gå på frelsens vej?"
"Would you want to hesitate?"
"Vil du tøve?"
"do you want to wait any longer?"
"Vil du vente længere?"
Siddhartha awakened as if he had been asleep
Siddhartha vågnede, som om han havde sovet

For a long time, he looked into Govinda's face
I lang tid så han ind i Govindas ansigt
Then he spoke quietly, in a voice without mockery
Så talte han stille, med en stemme uden hån
"Govinda, my friend, now you have taken this step"
"Govinda, min ven, nu har du taget dette skridt"
"now you have chosen this path"
"nu har du valgt denne vej"
"Always, oh Govinda, you've been my friend"
"Altid, åh Govinda, du har været min ven"
"you've always walked one step behind me"
"du har altid gået et skridt bag mig"
"Often I have thought about you"
"Jeg har tit tænkt på dig"
"'Won't Govinda for once also take a step by himself'"
"'Vil Govinda ikke for en gangs skyld også tage et skridt for sig selv'"
"'won't Govinda take a step without me?'"
"'vil Govinda ikke tage et skridt uden mig?'"
"'won't he take a step driven by his own soul?'"
"'vil han ikke tage et skridt drevet af sin egen sjæl?'"
"Behold, now you've turned into a man"
"Se, nu er du blevet til en mand"
"you are choosing your path for yourself"
"du vælger selv din vej"
"I wish that you would go it up to its end"
"Jeg ville ønske, at du ville gå op til dets ende"
"oh my friend, I hope that you shall find salvation!"
"åh min ven, jeg håber, at du finder frelse!"
Govinda, did not completely understand it yet
Govinda, forstod det ikke helt endnu
he repeated his question in an impatient tone
han gentog sit spørgsmål i en utålmodig tone
"Speak up, I beg you, my dear!"
"Tal op, jeg beder dig, min kære!"
"Tell me, since it could not be any other way"

"Sig mig, da det ikke kunne være anderledes"
"won't you also take your refuge with the exalted Buddha?"
"vil du ikke også søge din tilflugt hos den ophøjede Buddha?"
Siddhartha placed his hand on Govinda's shoulder
Siddhartha lagde sin hånd på Govindas skulder
"You failed to hear my good wish for you"
"Du kunne ikke høre mit gode ønske til dig"
"I'm repeating my wish for you"
"Jeg gentager mit ønske til dig"
"I wish that you would go this path"
"Jeg ville ønske, at du ville gå denne vej"
"I wish that you would go up to this path's end"
"Jeg ville ønske, at du ville gå op til denne vejs ende"
"I wish that you shall find salvation!"
"Jeg ønsker, at du skal finde frelse!"
In this moment, Govinda realized that his friend had left him
I dette øjeblik indså Govinda, at hans ven havde forladt ham
when he realized this he started to weep
da han indså dette begyndte han at græde
"Siddhartha!" he exclaimed lamentingly
"Siddhartha!" udbrød han jamrende
Siddhartha kindly spoke to him
Siddhartha talte venligt til ham
"don't forget, Govinda, who you are"
"glem ikke, Govinda, hvem du er"
"you are now one of the Samanas of the Buddha"
"du er nu en af Buddhas Samanas"
"You have renounced your home and your parents"
"Du har givet afkald på dit hjem og dine forældre"
"you have renounced your birth and possessions"
"du har givet afkald på din fødsel og ejendele"
"you have renounced your free will"
"du har givet afkald på din frie vilje"
"you have renounced all friendship"
"du har givet afkald på alt venskab"

"This is what the teachings require"
"Dette er, hvad læren kræver"
"this is what the exalted one wants"
"det er hvad den ophøjede vil have"
"This is what you wanted for yourself"
"Dette er hvad du ønskede for dig selv"
"Tomorrow, oh Govinda, I will leave you"
"I morgen, åh Govinda, forlader jeg dig"
For a long time, the friends continued walking in the garden
I lang tid fortsatte vennerne med at gå i haven
for a long time, they lay there and found no sleep
i lang tid lå de der og fandt ingen søvn
And over and over again, Govinda urged his friend
Og igen og igen opfordrede Govinda sin ven
"why would you not want to seek refuge in Gotama's teachings?"
"hvorfor vil du ikke søge tilflugt i Gotamas lære?"
"what fault could you find in these teachings?"
"hvilken fejl kunne du finde i denne lære?"
But Siddhartha turned away from his friend
Men Siddhartha vendte sig væk fra sin ven
every time he said, "Be content, Govinda!"
hver gang han sagde: "Vær tilfreds, Govinda!"
"Very good are the teachings of the exalted one"
"Meget god er den ophøjedes lære"
"how could I find a fault in his teachings?"
"hvordan kunne jeg finde en fejl i hans lære?"

it was very early in the morning
det var meget tidligt om morgenen
one of the oldest monks went through the garden
en af de ældste munke gik gennem haven
he called to those who had taken their refuge in the teachings
han kaldte til dem, der havde taget deres tilflugt i læren
he called them to dress them up in the yellow robe

han kaldte dem for at klæde dem i den gule kjortel
and he instruct them in the first teachings and duties of their position
og han underviser dem i de første læresætninger og pligter i deres stilling
Govinda once again embraced his childhood friend
Govinda omfavnede endnu en gang sin barndomsven
and then he left with the novices
og så tog han af sted med novicerne
But Siddhartha walked through the garden, lost in thought
Men Siddhartha gik gennem haven, fortabt i tanker
Then he happened to meet Gotama, the exalted one
Så mødte han tilfældigvis Gotama, den ophøjede
he greeted him with respect
han hilste ham med respekt
the Buddha's glance was full of kindness and calm
Buddhas blik var fuld af venlighed og ro
the young man summoned his courage
den unge mand tog mod til sig
he asked the venerable one for the permission to talk to him
han bad den ærværdige om tilladelse til at tale med ham
Silently, the exalted one nodded his approval
Den ophøjede nikkede lydløst bifaldende
Spoke Siddhartha, "Yesterday, oh exalted one"
Siddhartha sagde: "I går, åh ophøjede"
"I had been privileged to hear your wondrous teachings"
"Jeg havde været privilegeret at høre din vidunderlige lære"
"Together with my friend, I had come from afar, to hear your teachings"
"Sammen med min ven var jeg kommet langvejs fra for at høre din lære"
"And now my friend is going to stay with your people"
"Og nu skal min ven bo hos dit folk"
"he has taken his refuge with you"
"han har søgt tilflugt hos dig"
"But I will again start on my pilgrimage"

"Men jeg vil igen begynde på min pilgrimsrejse"
"As you please," the venerable one spoke politely
"Som du vil," sagde den ærværdige høfligt
"Too bold is my speech," Siddhartha continued
"Min tale er for fed," fortsatte Siddhartha
"but I do not want to leave the exalted on this note"
"men jeg ønsker ikke at forlade de ophøjede på denne note"
"I want to share with the most venerable one my honest thoughts"
"Jeg vil gerne dele mine ærlige tanker med den mest ærværdige"
"Does it please the venerable one to listen for one moment longer?"
"Behager det den ærværdige at lytte et øjeblik længere?"
Silently, the Buddha nodded his approval
Stille nikkede Buddha sin godkendelse
Spoke Siddhartha, "oh most venerable one"
Talte Siddhartha, "åh mest ærværdige"
"there is one thing I have admired in your teachings most of all"
"der er én ting, jeg har beundret i din lære mest af alt"
"Everything in your teachings is perfectly clear"
"Alt i din lære er helt klart"
"what you speak of is proven"
"det du taler om er bevist"
"you are presenting the world as a perfect chain"
"du præsenterer verden som en perfekt kæde"
"a chain which is never and nowhere broken"
"en kæde, der aldrig og ingen steder brydes"
"an eternal chain the links of which are causes and effects"
"en evig kæde, hvis led er årsager og virkninger"
"Never before, has this been seen so clearly"
"Aldrig før, er dette blevet set så tydeligt"
"never before, has this been presented so irrefutably"
"aldrig før, er dette blevet præsenteret så uigendriveligt"

"truly, the heart of every Brahman has to beat stronger with love"
"virkelig, enhver Brahmans hjerte skal slå stærkere med kærlighed"
"he has seen the world through your perfectly connected teachings"
"han har set verden gennem din perfekt forbundne lære"
"without gaps, clear as a crystal"
"uden huller, klar som en krystal"
"not depending on chance, not depending on Gods"
"ikke afhængig af tilfældigheder, ikke afhængig af guder"
"he has to accept it whether it may be good or bad"
"han må acceptere det, uanset om det er godt eller dårligt"
"he has to live by it whether it would be suffering or joy"
"han må leve efter det, uanset om det er lidelse eller glæde"
"but I do not wish to discuss the uniformity of the world"
"men jeg ønsker ikke at diskutere verdens ensartethed"
"it is possible that this is not essential"
"det er muligt, at dette ikke er væsentligt"
"everything which happens is connected"
"alt hvad der sker hænger sammen"
"the great and the small things are all encompassed"
"de store og de små ting er alle omfattet"
"they are connected by the same forces of time"
"de er forbundet af de samme tidskræfter"
"they are connected by the same law of causes"
"de er forbundet med den samme lov om årsager"
"the causes of coming into being and of dying"
"årsagerne til at blive til og til at dø"
"this is what shines brightly out of your exalted teachings"
"det er, hvad der skinner klart ud af din ophøjede lære"
"But, according to your very own teachings, there is a small gap"
"Men ifølge din helt egen lære er der et lille hul"
"this unity and necessary sequence of all things is broken in one place"

"denne enhed og nødvendige sekvens af alle ting er brudt på ét sted"
"this world of unity is invaded by something alien"
"denne verden af enhed er invaderet af noget fremmed"
"there is something new, which had not been there before"
"der er noget nyt, som ikke havde været der før"
"there is something which cannot be demonstrated"
"der er noget, der ikke kan påvises"
"there is something which cannot be proven"
"der er noget, der ikke kan bevises"
"these are your teachings of overcoming the world"
"dette er din lære om at overvinde verden"
"these are your teachings of salvation"
"dette er din frelseslære"
"But with this small gap, the eternal breaks apart again"
"Men med dette lille hul bryder det evige fra hinanden igen"
"with this small breach, the law of the world becomes void"
"med dette lille brud bliver verdens lov ugyldig"
"Please forgive me for expressing this objection"
"Tilgiv mig venligst for at udtrykke denne indvending"
Quietly, Gotama had listened to him, unmoved
Stille og roligt havde Gotama lyttet til ham, uberørt
Now he spoke, the perfected one, with his kind and polite clear voice
Nu talte han, den fuldkomne, med sin venlige og høflige klare stemme
"You've heard the teachings, oh son of a Brahman"
"Du har hørt læren, åh søn af en brahman"
"and good for you that you've thought about it this deeply"
"og godt for dig, at du har tænkt så dybt over det"
"You've found a gap in my teachings, an error"
"Du har fundet et hul i min lære, en fejl"
"You should think about this further"
"Det bør du tænke nærmere over"
"But be warned, oh seeker of knowledge, of the thicket of opinions"

"Men vær advaret, åh vidensøgende, om meningernes krat"
"be warned of arguing about words"
"vær advaret mod at skændes om ord"
"There is nothing to opinions"
"Der er intet ved meninger"
"they may be beautiful or ugly"
"de kan være smukke eller grimme"
"opinions may be smart or foolish"
"Meninger kan være smarte eller tåbelige"
"everyone can support opinions, or discard them"
"alle kan støtte meninger eller kassere dem"
"But the teachings, you've heard from me, are no opinion"
"Men læren, du har hørt fra mig, er ingen mening"
"their goal is not to explain the world to those who seek knowledge"
"deres mål er ikke at forklare verden for dem, der søger viden"
"They have a different goal"
"De har et andet mål"
"their goal is salvation from suffering"
"deres mål er frelse fra lidelse"
"This is what Gotama teaches, nothing else"
"Dette er, hvad Gotama lærer, intet andet"
"I wish that you, oh exalted one, would not be angry with me" said the young man
"Jeg ville ønske, at du, o ophøjede, ikke ville være vred på mig" sagde den unge mand
"I have not spoken to you like this to argue with you"
"Jeg har ikke talt til dig på denne måde for at skændes med dig"
"I do not wish to argue about words"
"Jeg ønsker ikke at skændes om ord"
"You are truly right, there is little to opinions"
"Du har virkelig ret, der er lidt til meninger"
"But let me say one more thing"
"Men lad mig sige en ting mere"
"I have not doubted in you for a single moment"

"Jeg har ikke tvivlet på dig et eneste øjeblik"
"I have not doubted for a single moment that you are Buddha"
"Jeg har ikke tvivlet et eneste øjeblik på, at du er Buddha"
"I have not doubted that you have reached the highest goal"
"Jeg har ikke tvivlet på, at du har nået det højeste mål"
"the highest goal towards which so many Brahmans are on their way"
"det højeste mål, som så mange brahmaner er på vej mod"
"You have found salvation from death"
"Du har fundet frelse fra døden"
"It has come to you in the course of your own search"
"Det er kommet til dig i løbet af din egen søgning"
"it has come to you on your own path"
"det er kommet til dig på din egen vej"
"it has come to you through thoughts and meditation"
"det er kommet til dig gennem tanker og meditation"
"it has come to you through realizations and enlightenment"
"det er kommet til dig gennem erkendelser og oplysning"
"but it has not come to you by means of teachings!"
"men det er ikke kommet til dig ved hjælp af lære!"
"And this is my thought"
"Og det er min tanke"
"nobody will obtain salvation by means of teachings!"
"ingen vil opnå frelse ved hjælp af lære!"
"You will not be able to convey your hour of enlightenment"
"Du vil ikke være i stand til at formidle din time af oplysning"
"words of what has happened to you won't convey the moment!"
"ord om, hvad der er sket med dig, vil ikke formidle øjeblikket!"
"The teachings of the enlightened Buddha contain much"
"Den oplyste Buddhas lære indeholder meget"
"it teaches many to live righteously"
"det lærer mange at leve retfærdigt"
"it teaches many to avoid evil"

"det lærer mange at undgå det onde"
"But there is one thing which these teachings do not contain"
"Men der er én ting, som denne lære ikke indeholder"
"they are clear and venerable, but the teachings miss something"
"de er klare og ærværdige, men læren savner noget"
"the teachings do not contain the mystery"
"lærdommen indeholder ikke mysteriet"
"the mystery of what the exalted one has experienced for himself"
"mysteriet om, hvad den ophøjede har oplevet for sig selv"
"among hundreds of thousands, only he experienced it"
"blandt hundredtusinder var det kun han, der oplevede det"
"This is what I have thought and realized, when I heard the teachings"
"Dette er, hvad jeg har tænkt og indset, da jeg hørte læren"
"This is why I am continuing my travels"
"Det er derfor, jeg fortsætter mine rejser"
"this is why I do not to seek other, better teachings"
"det er derfor, jeg ikke søger andre, bedre lærdomme"
"I know there are no better teachings"
"Jeg ved, at der ikke er nogen bedre lære"
"I leave to depart from all teachings and all teachers"
"Jeg tager afsted for at afvige fra al lære og alle lærere"
"I leave to reach my goal by myself, or to die"
"Jeg tager afsted for at nå mit mål alene eller for at dø"
"But often, I'll think of this day, oh exalted one"
"Men ofte vil jeg tænke på denne dag, åh ophøjede"
"and I'll think of this hour, when my eyes beheld a holy man"
"og jeg vil tænke på denne time, da mine øjne så en hellig mand"
The Buddha's eyes quietly looked to the ground
Buddhas øjne så stille mod jorden
quietly, in perfect equanimity, his inscrutable face was smiling

stille og roligt smilede hans uransagelige ansigt i fuldkommen
sindsro
the venerable one spoke slowly
den ærværdige talte langsomt
"I wish that your thoughts shall not be in error"
"Jeg ønsker, at dine tanker ikke tager fejl"
"I wish that you shall reach the goal!"
"Jeg ønsker, at du skal nå målet!"
"But there is something I ask you to tell me"
"Men der er noget, jeg beder dig fortælle mig"
"Have you seen the multitude of my Samanas?"
"Har du set mængden af mine Samanas?"
"they have taken refuge in the teachings"
"de har søgt tilflugt i læren"
"do you believe it would be better for them to abandon the teachings?"
"tror du, det ville være bedre for dem at opgive læren?"
"should they to return into the world of desires?"
"Skal de vende tilbage til begærernes verden?"
"Far is such a thought from my mind" exclaimed Siddhartha
"Langt er sådan en tanke fra mit sind" udbrød Siddhartha
"I wish that they shall all stay with the teachings"
"Jeg ønsker, at de alle skal blive ved læren"
"I wish that they shall reach their goal!"
"Jeg ønsker, at de når deres mål!"
"It is not my place to judge another person's life"
"Det er ikke mit sted at dømme et andet menneskes liv"
"I can only judge my own life "
"Jeg kan kun dømme mit eget liv"
"I must decide, I must chose, I must refuse"
"Jeg skal bestemme, jeg skal vælge, jeg skal nægte"
"Salvation from the self is what we Samanas search for"
"Frelse fra selvet er det, vi Samanaer søger efter"
"oh exalted one, if only I were one of your disciples"
"åh ophøjede, hvis bare jeg var en af dine disciple"
"I'd fear that it might happen to me"

"Jeg frygter, at det kan ske for mig"
"only seemingly, would my self be calm and be redeemed"
"kun tilsyneladende ville jeg være rolig og blive forløst"
"but in truth it would live on and grow"
"men i sandhed ville det leve videre og vokse"
"because then I would replace my self with the teachings"
"for så ville jeg erstatte mig selv med læren"
"my self would be my duty to follow you"
"jeg selv ville være min pligt at følge dig"
"my self would be my love for you"
"jeg selv ville være min kærlighed til dig"
"and my self would be the community of the monks!"
"og mig selv ville være munkenes fællesskab!"
With half of a smile Gotama looked into the stranger's eyes
Med et halvt smil så Gotama ind i den fremmedes øjne
his eyes were unwaveringly open and kind
hans øjne var urokkeligt åbne og venlige
he bid him to leave with a hardly noticeable gesture
han bød ham at gå med en knap mærkbar gestus
"You are wise, oh Samana" the venerable one spoke
"Du er klog, åh Samana" sagde den ærværdige
"You know how to talk wisely, my friend"
"Du ved, hvordan man taler klogt, min ven"
"Be aware of too much wisdom!"
"Vær opmærksom på for meget visdom!"
The Buddha turned away
Buddha vendte sig væk
Siddhartha would never forget his glance
Siddhartha ville aldrig glemme sit blik
his half smile remained forever etched in Siddhartha's memory
hans halve smil forblev for evigt ætset i Siddharthas hukommelse
Siddhartha thought to himself
tænkte Siddhartha ved sig selv

"I have never before seen a person glance and smile this way"
"Jeg har aldrig før set en person kigge og smile på denne måde"
"no one else sits and walks like he does"
"ingen andre sidder og går som han gør"
"truly, I wish to be able to glance and smile this way"
"jeg ønsker virkelig at kunne kigge og smile på denne måde"
"I wish to be able to sit and walk this way, too"
"Jeg vil også gerne kunne sidde og gå på denne måde"
"liberated, venerable, concealed, open, childlike and mysterious"
"frigjort, ærværdig, skjult, åben, barnlig og mystisk"
"he must have succeeded in reaching the innermost part of his self"
"det må være lykkedes ham at nå den inderste del af sit jeg"
"only then can someone glance and walk this way"
"først da kan nogen se og gå denne vej"
"I will also seek to reach the innermost part of my self"
"Jeg vil også søge at nå den inderste del af mig selv"
"I saw a man" Siddhartha thought
"Jeg så en mand" tænkte Siddhartha
"a single man, before whom I would have to lower my glance"
"en enlig mand, for hvem jeg skulle sænke mit blik"
"I do not want to lower my glance before anyone else"
"Jeg vil ikke sænke mit blik før nogen anden"
"No teachings will entice me more anymore"
"Ingen lære vil lokke mig mere"
"because this man's teachings have not enticed me"
"fordi denne mands lære ikke har lokket mig"
"I am deprived by the Buddha" thought Siddhartha
"Jeg er berøvet af Buddha" tænkte Siddhartha
"I am deprived, although he has given so much"
"Jeg er berøvet, selvom han har givet så meget"
"he has deprived me of my friend"

"han har frataget mig min ven"
"my friend who had believed in me"
"min ven, der havde troet på mig"
"my friend who now believes in him"
"min ven, der nu tror på ham"
"my friend who had been my shadow"
"min ven, der havde været min skygge"
"and now he is Gotama's shadow"
"og nu er han Gotamas skygge"
"but he has given me Siddhartha"
"men han har givet mig Siddhartha"
"he has given me myself"
"han har givet mig mig selv"

Awakening
Opvågning

Siddhartha left the mango grove behind him
Siddhartha forlod mangolunden bag sig
but he felt his past life also stayed behind
men han følte, at hans tidligere liv også blev tilbage
the Buddha, the perfected one, stayed behind
Buddha, den fuldkomne, blev tilbage
and Govinda stayed behind too
og Govinda blev også tilbage
and his past life had parted from him
og hans tidligere liv var skilt fra ham
he pondered as he was walking slowly
tænkte han, mens han gik langsomt
he pondered about this sensation, which filled him completely
han tænkte over denne fornemmelse, som fyldte ham fuldstændig
He pondered deeply, like diving into a deep water
Han grundede dybt, som at dykke ned i et dybt vand
he let himself sink down to the ground of the sensation
han lod sig synke ned til sensationens jord
he let himself sink down to the place where the causes lie
han lod sig synke ned til det sted, hvor årsagerne ligger
to identify the causes is the very essence of thinking
at identificere årsagerne er selve essensen af tænkning
this was how it seemed to him
sådan forekom det ham
and by this alone, sensations turn into realizations
og alene ved dette bliver fornemmelser til erkendelser
and these sensations are not lost
og disse fornemmelser går ikke tabt
but the sensations become entities
men fornemmelserne bliver enheder
and the sensations start to emit what is inside of them

og fornemmelserne begynder at udsende, hvad der er indeni dem
they show their truths like rays of light
de viser deres sandheder som lysstråler
Slowly walking along, Siddhartha pondered
Siddhartha gik langsomt hen og tænkte
He realized that he was no youth any more
Han indså, at han ikke længere var ung
he realized that he had turned into a man
han indså, at han var blevet til en mand
He realized that something had left him
Han indså, at noget havde forladt ham
the same way a snake is left by its old skin
på samme måde som en slange efterlades af sin gamle hud
what he had throughout his youth no longer existed in him
hvad han havde gennem sin ungdom, eksisterede ikke længere i ham
it used to be a part of him; the wish to have teachers
det plejede at være en del af ham; ønsket om at have lærere
the wish to listen to teachings
ønsket om at lytte til læren
He had also left the last teacher who had appeared on his path
Han havde også forladt den sidste lærer, der var dukket op på hans vej
he had even left the highest and wisest teacher
han havde endda forladt den højeste og klogeste lærer
he had left the most holy one, Buddha
han havde forladt den allerhelligste, Buddha
he had to part with him, unable to accept his teachings
han måtte skille sig af med ham, ude af stand til at acceptere hans lære
Slower, he walked along in his thoughts
Langsommere gik han med i sine tanker
and he asked himself, "But what is this?"
og han spurgte sig selv: "Men hvad er dette?"

"what have you sought to learn from teachings and from teachers?"
"hvad har du søgt at lære af undervisning og af lærere?"
"and what were they, who have taught you so much?"
"og hvad var de, som har lært dig så meget?"
"what are they if they have been unable to teach you?"
"hvad er de, hvis de ikke har været i stand til at lære dig?"
And he found, "It was the self"
Og han fandt ud af: "Det var selvet"
"it was the purpose and essence of which I sought to learn"
"det var formålet og essensen, som jeg søgte at lære"
"It was the self I wanted to free myself from"
"Det var selvet, jeg ville frigøre mig fra"
"the self which I sought to overcome"
"det selv, som jeg søgte at overvinde"
"But I was not able to overcome it"
"Men jeg var ikke i stand til at overvinde det"
"I could only deceive it"
"Jeg kunne kun snyde det"
"I could only flee from it"
"Jeg kunne kun flygte fra det"
"I could only hide from it"
"Jeg kunne kun gemme mig for det"
"Truly, no thing in this world has kept my thoughts so busy"
"Virkelig, intet i denne verden har holdt mine tanker så travlt"
"I have been kept busy by the mystery of me being alive"
"Jeg er blevet beskæftiget af mysteriet om, at jeg er i live"
"the mystery of me being one"
"mysteriet med at jeg er en"
"the mystery if being separated and isolated from all others"
"mysteriet om at være adskilt og isoleret fra alle andre"
"the mystery of me being Siddhartha!"
"mysteriet med, at jeg er Siddhartha!"
"And there is no thing in this world I know less about"
"Og der er ikke noget i denne verden, jeg ved mindre om"
he had been pondering while slowly walking along

han havde tænkt, mens han langsomt gik
he stopped as these thoughts caught hold of him
han stoppede, da disse tanker fik fat i ham
and right away another thought sprang forth from these thoughts
og straks sprang en anden tanke frem fra disse tanker
"there's one reason why I know nothing about myself"
"der er én grund til, at jeg ikke ved noget om mig selv"
"there's one reason why Siddhartha has remained alien to me"
"der er én grund til, at Siddhartha er forblevet fremmed for mig"
"all of this stems from one cause"
"alt dette stammer fra én årsag"
"I was afraid of myself, and I was fleeing"
"Jeg var bange for mig selv, og jeg flygtede"
"I have searched for both Atman and Brahman"
"Jeg har søgt efter både Atman og Brahman"
"for this I was willing to dissect my self"
"for dette var jeg villig til at dissekere mig selv"
"and I was willing to peel off all of its layers"
"og jeg var villig til at pille alle dens lag af"
"I wanted to find the core of all peels in its unknown interior"
"Jeg ville finde kernen af alle skrælninger i dets ukendte indre"
"the Atman, life, the divine part, the ultimate part"
"Atman, livet, den guddommelige del, den ultimative del"
"But I have lost myself in the process"
"Men jeg har mistet mig selv i processen"
Siddhartha opened his eyes and looked around
Siddhartha åbnede sine øjne og så sig omkring
looking around, a smile filled his face
kiggede rundt, fyldte et smil hans ansigt
a feeling of awakening from long dreams flowed through him

en følelse af at vågne fra lange drømme strømmede gennem ham
the feeling flowed from his head down to his toes
følelsen flød fra hans hoved ned til tæerne
And it was not long before he walked again
Og der gik ikke længe før han gik igen
he walked quickly, like a man who knows what he has got to do
han gik hurtigt, som en mand, der ved, hvad han har at gøre
"now I will not let Siddhartha escape from me again!"
"nu vil jeg ikke lade Siddhartha flygte fra mig igen!"
"I no longer want to begin my thoughts and my life with Atman"
"Jeg ønsker ikke længere at begynde mine tanker og mit liv med Atman"
"nor do I want to begin my thoughts with the suffering of the world"
"Jeg vil heller ikke begynde mine tanker med verdens lidelser"
"I do not want to kill and dissect myself any longer"
"Jeg vil ikke dræbe og dissekere mig selv længere"
"Yoga-Veda shall not teach me anymore"
"Yoga-Veda skal ikke lære mig mere"
"nor Atharva-Veda, nor the ascetics"
"heller ikke Atharva-Veda eller asketerne"
"there will not be any kind of teachings"
"der vil ikke være nogen form for lære"
"I want to learn from myself and be my student"
"Jeg vil lære af mig selv og være min elev"
"I want to get to know myself; the secret of Siddhartha"
"Jeg vil lære mig selv at kende; Siddharthas hemmelighed"

He looked around, as if he was seeing the world for the first time
Han så sig omkring, som om han så verden for første gang
Beautiful and colourful was the world
Smuk og farverig var verden

strange and mysterious was the world
mærkelig og mystisk var verden
Here was blue, there was yellow, here was green
Her var blåt, der var gult, her var grønt
the sky and the river flowed
himlen og floden flød
the forest and the mountains were rigid
skoven og bjergene var stive
all of the world was beautiful
hele verden var smuk
all of it was mysterious and magical
det hele var mystisk og magisk
and in its midst was he, Siddhartha, the awakening one
og i dens midte var han, Siddhartha, den opvågnede
and he was on the path to himself
og han var på vej til sig selv
all this yellow and blue and river and forest entered Siddhartha
alt dette gule og blå og floden og skoven kom ind i Siddhartha
for the first time it entered through the eyes
for første gang kom det ind gennem øjnene
it was no longer a spell of Mara
det var ikke længere en besværgelse af Mara
it was no longer the veil of Maya
det var ikke længere Mayas slør
it was no longer a pointless and coincidental
det var ikke længere meningsløst og tilfældigt
things were not just a diversity of mere appearances
tingene var ikke bare en mangfoldighed af blotte udseende
appearances despicable to the deeply thinking Brahman
optrædener foragtelige for den dybt tænkende Brahman
the thinking Brahman scorns diversity, and seeks unity
den tænkende Brahman foragter mangfoldighed og søger enhed
Blue was blue and river was river
Blå var blå og flod var flod

the singular and divine lived hidden in Siddhartha
det enestående og guddommelige levede skjult i Siddhartha
divinity's way and purpose was to be yellow here, and blue there
guddommelighedens måde og formål var at være gul her og blå der
there sky, there forest, and here Siddhartha
der himmel, der skov, og her Siddhartha
The purpose and essential properties was not somewhere behind the things
Formålet og de væsentlige egenskaber lå ikke et sted bag tingene
the purpose and essential properties was inside of everything
formålet og de væsentlige egenskaber var inde i alting
"How deaf and stupid have I been!" he thought
"Hvor har jeg været døv og dum!" tænkte han
and he walked swiftly along
og han gik hurtigt hen
"When someone reads a text he will not scorn the symbols and letters"
"Når nogen læser en tekst, vil han ikke foragte symbolerne og bogstaverne"
"he will not call the symbols deceptions or coincidences"
"han vil ikke kalde symbolerne bedrag eller tilfældigheder"
"but he will read them as they were written"
"men han vil læse dem, som de er skrevet"
"he will study and love them, letter by letter"
"han vil studere og elske dem, bogstav for bogstav"
"I wanted to read the book of the world and scorned the letters"
"Jeg ville læse verdens bog og foragtede bogstaverne"
"I wanted to read the book of myself and scorned the symbols"
"Jeg ville læse bogen om mig selv og foragtede symbolerne"
"I called my eyes and my tongue coincidental"

"Jeg kaldte mine øjne og min tunge tilfældigt"
"I said they were worthless forms without substance"
"Jeg sagde, at de var værdiløse former uden substans"
"No, this is over, I have awakened"
"Nej, det er slut, jeg er vågnet"
"I have indeed awakened"
"Jeg er virkelig vågnet"
"I had not been born before this very day"
"Jeg var ikke født før denne dag"
In thinking these thoughts, Siddhartha suddenly stopped once again
Ved at tænke disse tanker stoppede Siddhartha pludselig igen
he stopped as if there was a snake lying in front of him
han stoppede op, som om der lå en slange foran ham
suddenly, he had also become aware of something else
pludselig var han også blevet opmærksom på noget andet
He was indeed like someone who had just woken up
Han var virkelig som en, der lige var vågnet
he was like a new-born baby starting life anew
han var som en nyfødt baby, der startede livet på ny
and he had to start again at the very beginning
og han måtte begynde igen fra begyndelsen
in the morning he had had very different intentions
om morgenen havde han haft meget forskellige hensigter
he had thought to return to his home and his father
han havde tænkt sig at vende tilbage til sit hjem og sin far
But now he stopped as if a snake was lying on his path
Men nu standsede han, som om der lå en slange på hans sti
he made a realization of where he was
han indså, hvor han var
"I am no longer the one I was"
"Jeg er ikke længere den, jeg var"
"I am no ascetic anymore"
"Jeg er ikke asketisk længere"
"I am not a priest anymore"
"Jeg er ikke præst længere"

"I am no Brahman anymore"
"Jeg er ingen Brahman længere"
"Whatever should I do at my father's place?"
"Hvad skal jeg gøre hos min far?"
"Study? Make offerings? Practise meditation?"
"Studier? Give ofringer? Øv meditation?"
"But all this is over for me"
"Men alt dette er forbi for mig"
"all of this is no longer on my path"
"alt dette er ikke længere på min vej"
Motionless, Siddhartha remained standing there
Bevægelig blev Siddhartha stående der
and for the time of one moment and breath, his heart felt cold
og i et øjeblik og åndedræt føltes hans hjerte koldt
he felt a coldness in his chest
han mærkede en kulde i sit bryst
the same feeling a small animal feels when it sees how alone it is
den samme følelse et lille dyr føler, når det ser, hvor alene det er
For many years, he had been without home and had felt nothing
I mange år havde han været uden hjem og havde intet mærket
Now, he felt he had been without a home
Nu følte han, at han havde stået uden et hjem
Still, even in the deepest meditation, he had been his father's son
Alligevel havde han selv i den dybeste meditation været sin fars søn
he had been a Brahman, of a high caste
han havde været en Brahman, af en høj kaste
he had been a cleric
han havde været gejstlig
Now, he was nothing but Siddhartha, the awoken one
Nu var han intet andet end Siddhartha, den vågnede

nothing else was left of him
intet andet var tilbage af ham
Deeply, he inhaled and felt cold
Dybt trak han vejret og følte sig kold
a shiver ran through his body
et gys løb gennem hans krop
Nobody was as alone as he was
Ingen var så alene som han
There was no nobleman who did not belong to the noblemen
Der var ingen adelsmand, der ikke tilhørte adelsmændene
there was no worker that did not belong to the workers
der var ingen arbejder, der ikke tilhørte arbejderne
they had all found refuge among themselves
de havde alle fundet tilflugt indbyrdes
they shared their lives and spoke their languages
de delte deres liv og talte deres sprog
there are no Brahman who would not be regarded as Brahmans
der er ingen brahmaner, der ikke ville blive betragtet som brahmaner
and there are no Brahmans that didn't live as Brahmans
og der er ingen brahmaner, der ikke levede som brahmaner
there are no ascetic who could not find refuge with the Samanas
der er ingen asketer, der ikke kunne finde tilflugt hos Samanaerne
and even the most forlorn hermit in the forest was not alone
og selv den mest forladte eremit i skoven var ikke alene
he was also surrounded by a place he belonged to
han var også omgivet af et sted, han hørte til
he also belonged to a caste in which he was at home
han tilhørte også en kaste, hvori han var hjemme
Govinda had left him and became a monk
Govinda havde forladt ham og blev munk
and a thousand monks were his brothers

og tusinde munke var hans brødre
they wore the same robe as him
de bar den samme kappe som ham
they believed in his faith and spoke his language
de troede på hans tro og talte hans sprog
But he, Siddhartha, where did he belong to?
Men han, Siddhartha, hvor tilhørte han?
With whom would he share his life?
Hvem ville han dele sit liv med?
Whose language would he speak?
Hvis sprog ville han tale?
the world melted away all around him
verden smeltede væk overalt omkring ham
he stood alone like a star in the sky
han stod alene som en stjerne på himlen
cold and despair surrounded him
kulde og fortvivlelse omgav ham
but Siddhartha emerged out of this moment
men Siddhartha kom ud af dette øjeblik
Siddhartha emerged more his true self than before
Siddhartha kom mere frem som sit sande jeg end før
he was more firmly concentrated than he had ever been
han var mere fast koncentreret, end han nogensinde havde været
He felt; "this had been the last tremor of the awakening"
Han følte; "dette havde været opvågningens sidste rysten"
"the last struggle of this birth"
"den sidste kamp i denne fødsel"
And it was not long until he walked again in long strides
Og det varede ikke længe, før han gik igen i lange skridt
he started to proceed swiftly and impatiently
han begyndte at fortsætte hurtigt og utålmodigt
he was no longer going home
han skulle ikke længere hjem
he was no longer going to his father
han skulle ikke længere til sin far

Part Two
Anden del

***

Kamala

Siddhartha learned something new on every step of his path
Siddhartha lærte noget nyt på hvert trin på hans vej
because the world was transformed and his heart was enchanted
fordi verden blev forvandlet og hans hjerte blev fortryllet
He saw the sun rising over the mountains
Han så solen stå op over bjergene
and he saw the sun setting over the distant beach
og han så solen gå ned over den fjerne strand
At night, he saw the stars in the sky in their fixed positions
Om natten så han stjernerne på himlen i deres faste positioner
and he saw the crescent of the moon floating like a boat in the blue
og han så månens halvmåne flyde som en båd i det blå
He saw trees, stars, animals, and clouds
Han så træer, stjerner, dyr og skyer
rainbows, rocks, herbs, flowers, streams and rivers
regnbuer, sten, urter, blomster, vandløb og floder
he saw the glistening dew in the bushes in the morning
han så den glitrende dug i buskene om morgenen
he saw distant high mountains which were blue
han så fjerne høje bjerge, som var blå
wind blew through the rice-field
vinden blæste gennem rismarken
all of this, a thousand-fold and colourful, had always been there
alt dette, tusind gange og farverigt, havde altid været der
the sun and the moon had always shone
solen og månen havde altid skinnet

rivers had always roared and bees had always buzzed
floder havde altid bruset, og bier havde altid summet
but in former times all of this had been a deceptive veil
men i tidligere tider havde alt dette været et vildledende slør
to him it had been nothing more than fleeting
for ham havde det ikke været andet end flygtigt
it was supposed to be looked upon in distrust
det var meningen, at man skulle se på det i mistillid
it was destined to be penetrated and destroyed by thought
det var bestemt til at blive gennemtrængt og ødelagt af tanker
since it was not the essence of existence
da det ikke var essensen af tilværelsen
since this essence lay beyond, on the other side of, the visible
da denne essens lå hinsides, på den anden side af det synlige
But now, his liberated eyes stayed on this side
Men nu blev hans frigjorte øjne på denne side
he saw and became aware of the visible
han så og blev opmærksom på det synlige
he sought to be at home in this world
han søgte at være hjemme i denne verden
he did not search for the true essence
han søgte ikke efter den sande essens
he did not aim at a world beyond
han sigtede ikke mod en verden hinsides
this world was beautiful enough for him
denne verden var smuk nok for ham
looking at it like this made everything childlike
at se på det sådan gjorde alt barnligt
Beautiful were the moon and the stars
Smukke var månen og stjernerne
beautiful was the stream and the banks
smuk var åen og bredderne
the forest and the rocks, the goat and the gold-beetle
skoven og klipperne, bukken og guldbillen
the flower and the butterfly; beautiful and lovely it was

blomsten og sommerfuglen; smukt og dejligt var det
to walk through the world was childlike again
at gå gennem verden var barnligt igen
this way he was awoken
på denne måde blev han vækket
this way he was open to what is near
på denne måde var han åben for det, der er nær
this way he was without distrust
på denne måde var han uden mistillid
differently the sun burnt the head
anderledes brændte solen hovedet
differently the shade of the forest cooled him down
anderledes kølede skovens skygge ham ned
differently the pumpkin and the banana tasted
forskelligt smagte græskarret og bananen
Short were the days, short were the nights
Korte var dagene, korte var nætterne
every hour sped swiftly away like a sail on the sea
hver time susede hurtigt af sted som et sejl på havet
and under the sail was a ship full of treasures, full of joy
og under sejlet var et skib fyldt med skatte, fuld af glæde
Siddhartha saw a group of apes moving through the high canopy
Siddhartha så en gruppe aber bevæge sig gennem den høje baldakin
they were high in the branches of the trees
de stod højt i træernes grene
and he heard their savage, greedy song
og han hørte deres vilde, grådige sang
Siddhartha saw a male sheep following a female one and mating with her
Siddhartha så et hanfår følge efter et hun og parre sig med hende
In a lake of reeds, he saw the pike hungrily hunting for its dinner
I en sivsø så han gedden sulten på jagt efter sin aftensmad

young fish were propelling themselves away from the pike
unge fisk drev sig væk fra gedden
they were scared, wiggling and sparkling
de var bange, vrikkede og funklede
the young fish jumped in droves out of the water
de unge fisk sprang i hobetal op af vandet
the scent of strength and passion came forcefully out of the water
duften af styrke og lidenskab kom kraftigt op af vandet
and the pike stirred up the scent
og gedden rørte duften op
All of this had always existed
Alt dette havde altid eksisteret
and he had not seen it, nor had he been with it
og han havde ikke set det, og han havde ikke været med det
Now he was with it and he was part of it
Nu var han med, og han var en del af det
Light and shadow ran through his eyes
Lys og skygge løb gennem hans øjne
stars and moon ran through his heart
stjerner og måne løb gennem hans hjerte

Siddhartha remembered everything he had experienced in the Garden Jetavana
Siddhartha huskede alt, hvad han havde oplevet i Garden Jetavana
he remembered the teaching he had heard there from the divine Buddha
han huskede den lære, han havde hørt der fra den guddommelige Buddha
he remembered the farewell from Govinda
han huskede afskeden fra Govinda
he remembered the conversation with the exalted one
han huskede samtalen med den ophøjede
Again he remembered his own words that he had spoken to the exalted one

Igen huskede han sine egne ord om, at han havde talt til den ophøjede
he remembered every word
han huskede hvert ord
he realized he had said things which he had not really known
han indså, at han havde sagt ting, som han ikke rigtig havde vidst
he astonished himself with what he had said to Gotama
han forbløffede sig selv over, hvad han havde sagt til Gotama
the Buddha's treasure and secret was not the teachings
Buddhas skat og hemmelighed var ikke læren
but the secret was the inexpressible and not teachable
men hemmeligheden var den uudsigelige og ikke lærelige
the secret which he had experienced in the hour of his enlightenment
den hemmelighed, som han havde oplevet i sin oplysnings time
the secret was nothing but this very thing which he had now gone to experience
hemmeligheden var ikke andet end netop dette, som han nu var gået for at opleve
the secret was what he now began to experience
hemmeligheden var, hvad han nu begyndte at opleve
Now he had to experience his self
Nu skulle han opleve sig selv
he had already known for a long time that his self was Atman
han havde allerede vidst i lang tid, at hans jeg var Atman
he knew Atman bore the same eternal characteristics as Brahman
han vidste, at Atman bar de samme evige egenskaber som Brahman
But he had never really found this self
Men han havde aldrig rigtig fundet dette jeg

because he had wanted to capture the self in the net of thought
fordi han havde ønsket at fange selvet i tankens net
but the body was not part of the self
men kroppen var ikke en del af selvet
it was not the spectacle of the senses
det var ikke sansernes skue
so it also was not the thought, nor the rational mind
så det var heller ikke tanken eller det rationelle sind
it was not the learned wisdom, nor the learned ability
det var ikke den lærde visdom eller den lærde evne
from these things no conclusions could be drawn
af disse ting kunne der ikke drages nogen konklusioner
No, the world of thought was also still on this side
Nej, tankeverdenen var også stadig på denne side
Both, the thoughts as well as the senses, were pretty things
Både tankerne og sanserne var smukke ting
but the ultimate meaning was hidden behind both of them
men den ultimative mening var skjult bag dem begge
both had to be listened to and played with
begge skulle lyttes til og leges med
neither had to be scorned nor overestimated
hverken måtte foragtes eller overvurderes
there were secret voices of the innermost truth
der var hemmelige stemmer af den inderste sandhed
these voices had to be attentively perceived
disse stemmer skulle opfattes opmærksomt
He wanted to strive for nothing else
Han ville ikke stræbe efter andet
he would do what the voice commanded him to do
han ville gøre, hvad stemmen befalede ham at gøre
he would dwell where the voices advised him to
han ville bo, hvor stemmerne rådede ham til
Why had Gotama sat down under the Bodhi tree?
Hvorfor havde Gotama sat sig under Bodhi-træet?
He had heard a voice in his own heart

Han havde hørt en stemme i sit eget hjerte
a voice which had commanded him to seek rest under this tree
en stemme, som havde befalet ham at søge hvile under dette træ
he could have gone on to make offerings
han kunne være gået videre med at ofre
he could have performed his ablutions
han kunne have udført sine afvaskninger
he could have spent that moment in prayer
han kunne have brugt det øjeblik i bøn
he had chosen not to eat or drink
han havde valgt ikke at spise eller drikke
he had chosen not to sleep or dream
han havde valgt ikke at sove eller drømme
instead, he had obeyed the voice
i stedet havde han adlød stemmen
To obey like this was good
At adlyde sådan her var godt
it was good not to obey to an external command
det var godt ikke at adlyde en ekstern kommando
it was good to obey only the voice
det var godt kun at adlyde stemmen
to be ready like this was good and necessary
at være klar sådan her var godt og nødvendigt
there was nothing else that was necessary
der var ikke andet, der var nødvendigt

in the night Siddhartha got to a river
om natten kom Siddhartha til en flod
he slept in the straw hut of a ferryman
han sov i en færgemands halmhytte
this night Siddhartha had a dream
denne nat havde Siddhartha en drøm
Govinda was standing in front of him
Govinda stod foran ham

he was dressed in the yellow robe of an ascetic
han var klædt i en askets gule kappe
Sad was how Govinda looked
Det var trist, hvordan Govinda så ud
sadly he asked, "Why have you forsaken me?"
bedrøvet spurgte han: "Hvorfor har du forladt mig?"
Siddhartha embraced Govinda, and wrapped his arms around him
Siddhartha omfavnede Govinda og slog hans arme om ham
he pulled him close to his chest and kissed him
han trak ham ind til brystet og kyssede ham
but it was not Govinda anymore, but a woman
men det var ikke Govinda længere, men en kvinde
a full breast popped out of the woman's dress
et fyldigt bryst sprang ud af kvindens kjole
Siddhartha lay and drank from the breast
Siddhartha lå og drak af brystet
sweetly and strongly tasted the milk from this breast
sødt og stærkt smagte mælken fra dette bryst
It tasted of woman and man
Det smagte af kvinde og mand
it tasted of sun and forest
det smagte af sol og skov
it tasted of animal and flower
det smagte af dyr og blomst
it tasted of every fruit and every joyful desire
det smagte af enhver frugt og enhver glædelig lyst
It intoxicated him and rendered him unconscious
Det berusede ham og gjorde ham bevidstløs
Siddhartha woke up from the dream
Siddhartha vågnede fra drømmen
the pale river shimmered through the door of the hut
den blege flod flimrede gennem døren til hytten
a dark call of an owl resounded deeply through the forest
et mørkt kald af en ugle rungede dybt gennem skoven
Siddhartha asked the ferryman to get him across the river

Siddhartha bad færgemanden om at få ham over floden
The ferryman got him across the river on his bamboo-raft
Færgemanden fik ham over floden på sin bambusflåde
the water shimmered reddish in the light of the morning
vandet glitrede rødligt i morgenlyset
"This is a beautiful river," he said to his companion
"Dette er en smuk flod," sagde han til sin ledsager
"Yes," said the ferryman, "a very beautiful river"
"Ja," sagde færgemanden, "en meget smuk flod"
"I love it more than anything"
"Jeg elsker det mere end noget andet"
"Often I have listened to it"
"Jeg har ofte lyttet til det"
"often I have looked into its eyes"
"Jeg har ofte set den i øjnene"
"and I have always learned from it"
"og jeg har altid lært af det"
"Much can be learned from a river"
"Meget kan læres af en flod"
"I thank you, my benefactor" spoke Siddhartha
"Jeg takker dig, min velgører" sagde Siddhartha
he disembarked on the other side of the river
han gik i land på den anden side af floden
"I have no gift I could give you for your hospitality, my dear"
"Jeg har ingen gave, jeg kunne give dig for din gæstfrihed, min kære"
"and I also have no payment for your work"
"og jeg har heller ingen betaling for dit arbejde"
"I am a man without a home"
"Jeg er en mand uden et hjem"
"I am the son of a Brahman and a Samana"
"Jeg er søn af en Brahman og en Samana"
"I did see it," spoke the ferryman
"Jeg så det," sagde færgemanden
"I did not expect any payment from you"

"Jeg havde ikke forventet nogen betaling fra dig"
"it is custom for guests to bear a gift"
"det er skik, at gæster bærer en gave"
"but I did not expect this from you either"
"men det havde jeg heller ikke forventet af dig"
"You will give me the gift another time"
"Du vil give mig gaven en anden gang"
"Do you think so?" asked Siddhartha, bemusedly
"Tror du det?" spurgte Siddhartha forundret
"I am sure of it," replied the ferryman
"Det er jeg sikker på," svarede færgemanden
"This too, I have learned from the river"
"Også dette har jeg lært af floden"
"everything that goes comes back!"
"alt, der går, kommer tilbage!"
"You too, Samana, will come back"
"Også du, Samana, kommer tilbage"
"Now farewell! Let your friendship be my reward"
"Nu farvel! Lad dit venskab være min belønning"
"Commemorate me, when you make offerings to the gods"
"Mindes mig, når du ofrer til guderne"
Smiling, they parted from each other
Smilende skiltes de fra hinanden
Smiling, Siddhartha was happy about the friendship
Siddhartha smilede og var glad for venskabet
and he was happy about the kindness of the ferryman
og han var glad for Færgemandens Venlighed
"He is like Govinda," he thought with a smile
"Han er ligesom Govinda," tænkte han med et smil
"all I meet on my path are like Govinda"
"alt jeg møder på min vej er som Govinda"
"All are thankful for what they have"
"Alle er taknemmelige for det, de har"
"but they are the ones who would have a right to receive thanks"
"men det er dem, der ville have ret til at modtage tak"

"all are submissive and would like to be friends"
"alle er underdanige og vil gerne være venner"
"all like to obey and think little"
"alle kan lide at adlyde og tænke lidt"
"all people are like children"
"alle mennesker er som børn"

At about noon, he came through a village
Ved middagstid kom han gennem en landsby
In front of the mud cottages, children were rolling about in the street
Foran mudderhytterne rullede børn rundt på gaden
they were playing with pumpkin-seeds and sea-shells
de legede med græskarkerner og muslingeskaller
they screamed and wrestled with each other
de skreg og kæmpede med hinanden
but they all timidly fled from the unknown Samana
men de flygtede alle frygtsomt fra den ukendte Samana
In the end of the village, the path led through a stream
For enden af landsbyen førte stien gennem et vandløb
by the side of the stream, a young woman was kneeling
ved siden af åen knælede en ung kvinde
she was washing clothes in the stream
hun vaskede tøj i åen
When Siddhartha greeted her, she lifted her head
Da Siddhartha hilste på hende, løftede hun hovedet
and she looked up to him with a smile
og hun så op til ham med et smil
he could see the white in her eyes glistening
han kunne se det hvide i hendes øjne glimte
He called out a blessing to her
Han råbte en velsignelse til hende
this was the custom among travellers
dette var skik blandt rejsende
and he asked how far it was to the large city
og han spurgte, hvor langt der var til den store by

Then she got up and came to him
Så rejste hun sig og kom hen til ham
beautifully her wet mouth was shimmering in her young face
smukt glitrede hendes våde mund i hendes unge ansigt
She exchanged humorous banter with him
Hun udvekslede humoristiske drillerier med ham
she asked whether he had eaten already
hun spurgte, om han allerede havde spist
and she asked curious questions
og hun stillede nysgerrige spørgsmål
"is it true that the Samanas slept alone in the forest at night?"
"er det rigtigt, at Samanaerne sov alene i skoven om natten?"
"is it true Samanas are not allowed to have women with them"
"er det sandt, at Samanaer ikke må have kvinder med sig"
While talking, she put her left foot on his right one
Mens hun snakkede, satte hun sin venstre fod på hans højre
the movement of a woman who would want to initiate sexual pleasure
bevægelsen af en kvinde, der ønsker at indlede seksuel nydelse
the textbooks call this "climbing a tree"
lærebøgerne kalder dette "at klatre i et træ"
Siddhartha felt his blood heating up
Siddhartha mærkede hans blod varmes op
he had to think of his dream again
han måtte tænke på sin drøm igen
he bend slightly down to the woman
han bøjede sig let ned til kvinden
and he kissed with his lips the brown nipple of her breast
og han kyssede med sine læber den brune brystvorte
Looking up, he saw her face smiling
Da han kiggede op, så han hendes ansigt smile
and her eyes were full of lust
og hendes øjne var fulde af lyst

Siddhartha also felt desire for her
Siddhartha følte også lyst til hende
he felt the source of his sexuality moving
han mærkede kilden til sin seksualitet bevæge sig
but he had never touched a woman before
men han havde aldrig rørt en kvinde før
so he hesitated for a moment
så han tøvede et øjeblik
his hands were already prepared to reach out for her
hans hænder var allerede parate til at række ud efter hende
but then he heard the voice of his innermost self
men så hørte han sit inderstes stemme
he shuddered with awe at his voice
han rystede af ærefrygt ved sin stemme
and this voice told him no
og denne stemme sagde nej
all charms disappeared from the young woman's smiling face
alle charme forsvandt fra den unge kvindes smilende ansigt
he no longer saw anything else but a damp glance
han så ikke længere andet end et fugtigt blik
all he could see was female animal in heat
alt han kunne se var hundyr i brunst
Politely, he petted her cheek
Høfligt kælede han for hendes kind
he turned away from her and disappeared away
han vendte sig bort fra hende og forsvandt væk
he left from the disappointed woman with light steps
han gik fra den skuffede kvinde med lette skridt
and he disappeared into the bamboo-wood
og han forsvandt ind i bambustræet

he reached the large city before the evening
han nåede den store by før aftenen
and he was happy to have reached the city
og han var glad for at være nået til byen

because he felt the need to be among people
fordi han følte behov for at være blandt mennesker
or a long time, he had lived in the forests
eller længe, han havde boet i skovene
for first time in a long time he slept under a roof
for første gang i lang tid sov han under tag
Before the city was a beautifully fenced garden
Før byen lå en smukt indhegnet have
the traveller came across a small group of servants
den rejsende stødte på en lille gruppe tjenere
the servants were carrying baskets of fruit
tjenerne bar frugtkurve
four servants were carrying an ornamental sedan-chair
fire tjenere bar en dekorativ sedan-stol
on this chair sat a woman, the mistress
på denne stol sad en kvinde, elskerinden
she was on red pillows under a colourful canopy
hun var på røde puder under en farverig baldakin
Siddhartha stopped at the entrance to the pleasure-garden
Siddhartha stoppede ved indgangen til lysthaven
and he watched the parade go by
og han så paraden gå forbi
he saw saw the servants and the maids
han så så tjenestefolkene og tjenestepigerne
he saw the baskets and the sedan-chair
han så kurvene og sedan-stolen
and he saw the lady on the chair
og han så damen på stolen
Under her black hair he saw a very delicate face
Under hendes sorte hår så han et meget sart ansigt
a bright red mouth, like a freshly cracked fig
en knaldrød mund, som en nyknækket figen
eyebrows which were well tended and painted in a high arch
øjenbryn som var velplejede og malet i en høj bue
they were smart and watchful dark eyes

de var smarte og vagtsomme mørke øjne
a clear, tall neck rose from a green and golden garment
en klar, høj halsrose fra en grøn og gylden beklædningsgenstand
her hands were resting, long and thin
hendes hænder hvilede, lange og tynde
she had wide golden bracelets over her wrists
hun havde brede gyldne armbånd over håndleddene
Siddhartha saw how beautiful she was, and his heart rejoiced
Siddhartha så, hvor smuk hun var, og hans hjerte frydede sig
He bowed deeply, when the sedan-chair came closer
Han bukkede dybt, da sedan-stolen kom tættere på
straightening up again, he looked at the fair, charming face
rettede sig op igen og så på det smukke, charmerende ansigt
he read her smart eyes with the high arcs
han læste hendes smarte øjne med de høje buer
he breathed in a fragrance of something he did not know
han indåndede en duft af noget, han ikke kendte
With a smile, the beautiful woman nodded for a moment
Med et smil nikkede den smukke kvinde et øjeblik
then she disappeared into the garden
så forsvandt hun ud i haven
and then the servants disappeared as well
og så forsvandt tjenestefolkene også
"I am entering this city with a charming omen" Siddhartha thought
"Jeg går ind i denne by med et charmerende varsel" tænkte Siddhartha
He instantly felt drawn into the garden
Han følte sig med det samme trukket ind i haven
but he thought about his situation
men han tænkte på sin situation
he became aware of how the servants and maids had looked at him

han blev klar over, hvordan tjenestefolkene og tjenestepigerne havde set på ham
they thought him despicable, distrustful, and rejected him
de syntes, han var foragtelig, mistroisk og afviste ham
"I am still a Samana" he thought
"Jeg er stadig en Samana" tænkte han
"I am still an ascetic and beggar"
"Jeg er stadig asket og tigger"
"I must not remain like this"
"Jeg må ikke forblive sådan"
"I will not be able to enter the garden like this," he laughed
"Jeg vil ikke være i stand til at komme ind i haven på denne måde," lo han
he asked the next person who came along the path about the garden
spurgte han den næste, der kom ad stien, om haven
and he asked for the name of the woman
og han spurgte efter kvindens navn
he was told that this was the garden of Kamala, the famous courtesan
han fik at vide, at dette var Kamalas have, den berømte kurtisane
and he was told that she also owned a house in the city
og han fik at vide, at hun også ejede et hus i byen
Then, he entered the city with a goal
Så kom han ind i byen med et mål
Pursuing his goal, he allowed the city to suck him in
For at forfølge sit mål lod han byen suge ham ind
he drifted through the flow of the streets
han drev gennem strømmen af gaderne
he stood still on the squares in the city
han stod stille på pladserne i byen
he rested on the stairs of stone by the river
han hvilede på stentrappen ved floden
When the evening came, he made friends with a barber's assistant

Da aftenen kom, blev han venner med en barberassistent
he had seen him working in the shade of an arch
han havde set ham arbejde i skyggen af en bue
and he found him again praying in a temple of Vishnu
og han fandt ham igen mens han bad i Vishnus tempel
he told about stories of Vishnu and the Lakshmi
han fortalte om historier om Vishnu og Lakshmi
Among the boats by the river, he slept this night
Blandt bådene ved floden sov han denne nat
Siddhartha came to him before the first customers came into his shop
Siddhartha kom til ham, før de første kunder kom ind i hans butik
he had the barber's assistant shave his beard and cut his hair
han fik barberassistenten til at barbere sit skæg og klippe sit hår
he combed his hair and anointed it with fine oil
han redede sit hår og salvede det med fin olie
Then he went to take his bath in the river
Så gik han for at tage sit bad i floden

late in the afternoon, beautiful Kamala approached her garden
sidst på eftermiddagen nærmede smukke Kamala sig sin have
Siddhartha was standing at the entrance again
Siddhartha stod ved indgangen igen
he made a bow and received the courtesan's greeting
han bukkede og modtog kurtisanens hilsen
he got the attention of one of the servant
han fik en af tjenernes opmærksomhed
he asked him to inform his mistress
han bad ham informere sin elskerinde
"a young Brahman wishes to talk to her"
"en ung Brahman ønsker at tale med hende"
After a while, the servant returned
Efter et stykke tid vendte tjeneren tilbage

the servant asked Siddhartha to follow him
tjeneren bad Siddhartha om at følge ham
Siddhartha followed the servant into a pavilion
Siddhartha fulgte efter tjeneren ind i en pavillon
here Kamala was lying on a couch
her lå Kamala på en sofa
and the servant left him alone with her
og Tjeneren lod ham være alene med hende
"**Weren't you also standing out there yesterday, greeting me?" asked Kamala**
"Sta du ikke også derude i går og hilste på mig?" spurgte Kamala
"**It's true that I've already seen and greeted you yesterday**"
"Det er rigtigt, at jeg allerede har set og hilst på dig i går"
"**But didn't you yesterday wear a beard, and long hair?**"
"Men havde du ikke i går skæg og langt hår?"
"**and was there not dust in your hair?**"
"og var der ikke støv i dit hår?"
"**You have observed well, you have seen everything**"
"Du har observeret godt, du har set alt"
"**You have seen Siddhartha, the son of a Brahman**"
"Du har set Siddhartha, søn af en Brahman"
"**the Brahman who has left his home to become a Samana**"
"Brahmanen, der har forladt sit hjem for at blive en Samana"
"**the Brahman who has been a Samana for three years**"
"Brahmanen, der har været Samana i tre år"
"**But now, I have left that path and came into this city**"
"Men nu har jeg forladt den vej og er kommet til denne by"
"**and the first one I met, even before I had entered the city, was you**"
"og den første jeg mødte, selv før jeg var kommet ind i byen, var dig"
"**To say this, I have come to you, oh Kamala!**"
"For at sige dette er jeg kommet til dig, åh Kamala!"
"**before, Siddhartha addressed all woman with his eyes to the ground**"

"Før henvendte Siddhartha alle kvinder med øjnene mod jorden"
"You are the first woman whom I address otherwise"
"Du er den første kvinde, som jeg ellers henvender mig til"
"Never again do I want to turn my eyes to the ground"
"Aldrig igen vil jeg vende mine øjne mod jorden"
"I won't turn when I'm coming across a beautiful woman"
"Jeg vender mig ikke, når jeg støder på en smuk kvinde"
Kamala smiled and played with her fan of peacocks' feathers
Kamala smilede og legede med sin fan af påfuglefjer
"And only to tell me this, Siddhartha has come to me?"
"Og kun for at fortælle mig dette, er Siddhartha kommet til mig?"
"To tell you this and to thank you for being so beautiful"
"For at fortælle dig dette og at takke dig for at være så smuk"
"I would like to ask you to be my friend and teacher"
"Jeg vil gerne bede dig om at være min ven og lærer"
"for I know nothing yet of that art which you have mastered"
"for jeg ved endnu intet om den kunst, som du har mestret"
At this, Kamala laughed aloud
Ved dette grinede Kamala højt
"Never before this has happened to me, my friend"
"Aldrig før dette er sket for mig, min ven"
"a Samana from the forest came to me and wanted to learn from me!"
"en Samana fra skoven kom til mig og ville lære af mig!"
"Never before this has happened to me"
"Aldrig før dette er sket for mig"
"a Samana came to me with long hair and an old, torn loincloth!"
"en Samana kom til mig med langt hår og et gammelt, revet lændeklæde!"
"Many young men come to me"
"Mange unge mænd kommer til mig"
"and there are also sons of Brahmans among them"

"og der er også sønner af brahmaner blandt dem"
"but they come in beautiful clothes"
"men de kommer i smukt tøj"
"they come in fine shoes"
"de kommer i fine sko"
"they have perfume in their hair
"de har parfume i håret
"and they have money in their pouches"
"og de har penge i deres lommer"
"This is how the young men are like, who come to me"
"Sådan er de unge mænd, som kommer til mig"
Spoke Siddhartha, "Already I am starting to learn from you"
Siddhartha sagde: "Jeg begynder allerede at lære af dig"
"Even yesterday, I was already learning"
"Selv i går lærte jeg allerede"
"I have already taken off my beard"
"Jeg har allerede taget skægget af"
"I have combed the hair"
"Jeg har redet håret"
"and I have oil in my hair"
"og jeg har olie i håret"
"There is little which is still missing in me"
"Der er lidt, der stadig mangler i mig"
"oh excellent one, fine clothes, fine shoes, money in my pouch"
"åh fremragende, fint tøj, fine sko, penge i min pung"
"You shall know Siddhartha has set harder goals for himself"
"Du skal vide, at Siddhartha har sat hårdere mål for sig selv"
"and he has reached these goals"
"og han har nået disse mål"
"How shouldn't I reach that goal?"
"Hvordan skulle jeg ikke nå det mål?"
"the goal which I have set for myself yesterday"
"målet som jeg satte mig i går"
"to be your friend and to learn the joys of love from you"

"at være din ven og at lære kærlighedens glæder fra dig"
"You'll see that I'll learn quickly, Kamala"
"Du vil se, at jeg lærer hurtigt, Kamala"
"I have already learned harder things than what you're supposed to teach me"
"Jeg har allerede lært sværere ting end hvad du skal lære mig"
"And now let's get to it"
"Og lad os nu komme til det"
"You aren't satisfied with Siddhartha as he is?"
"Du er ikke tilfreds med Siddhartha, som han er?"
"with oil in his hair, but without clothes"
"med olie i håret, men uden tøj"
"Siddhartha without shoes, without money"
"Siddhartha uden sko, uden penge"
Laughing, Kamala exclaimed, "No, my dear"
Grinende udbrød Kamala: "Nej, min kære"
"he doesn't satisfy me, yet"
"han tilfredsstiller mig ikke endnu"
"Clothes are what he must have"
"Tøj er hvad han skal have"
"pretty clothes, and shoes is what he needs"
"smukt tøj og sko er, hvad han har brug for"
"pretty shoes, and lots of money in his pouch"
"smukke sko, og masser af penge i tasken"
"and he must have gifts for Kamala"
"og han skal have gaver til Kamala"
"Do you know it now, Samana from the forest?"
"Kender du det nu, Samana fra skoven?"
"Did you mark my words?"
"Mærkede du mine ord?"
"Yes, I have marked your words," Siddhartha exclaimed
"Ja, jeg har markeret dine ord," udbrød Siddhartha
"How should I not mark words which are coming from such a mouth!"
"Hvordan skulle jeg ikke mærke ord, der kommer fra sådan en mund!"

"Your mouth is like a freshly cracked fig, Kamala"
"Din mund er som en nyknækket figen, Kamala"
"My mouth is red and fresh as well"
"Min mund er også rød og frisk"
"it will be a suitable match for yours, you'll see"
"det vil være et passende match for dig, skal du se"
"But tell me, beautiful Kamala"
"Men fortæl mig, smukke Kamala"
"aren't you at all afraid of the Samana from the forest""
"er du slet ikke bange for Samana fra skoven""
"the Samana who has come to learn how to make love"
"samanaen, der er kommet for at lære at elske"
"Whatever for should I be afraid of a Samana?"
"Hvordan skal jeg være bange for en Samana?"
"a stupid Samana from the forest"
"en dum Samana fra skoven"
"a Samana who is coming from the jackals"
"en Samana, der kommer fra sjakalerne"
"a Samana who doesn't even know yet what women are?"
"en Samana, der endnu ikke ved, hvad kvinder er?"
"Oh, he's strong, the Samana"
"Åh, han er stærk, Samanaen"
"and he isn't afraid of anything"
"og han er ikke bange for noget"
"He could force you, beautiful girl"
"Han kunne tvinge dig, smukke pige"
"He could kidnap you and hurt you"
"Han kunne kidnappe dig og såre dig"
"No, Samana, I am not afraid of this"
"Nej, Samana, jeg er ikke bange for det her"
"Did any Samana or Brahman ever fear someone might come and grab him?"
"Frygtede nogen Samana eller Brahman nogensinde, at nogen ville komme og gribe ham?"
"could he fear someone steals his learning?
"Kunne han frygte, at nogen stjæler hans læring?

"could anyone take his religious devotion"
"kunne nogen tage hans religiøse hengivenhed"
"is it possible to take his depth of thought?
"er det muligt at tage hans dybdegående tanker?
"No, because these things are his very own"
"Nej, fordi disse ting er hans helt egne"
"he would only give away the knowledge he is willing to give"
"han ville kun give den viden væk, han er villig til at give"
"he would only give to those he is willing to give to"
"han ville kun give til dem, han er villig til at give til"
"precisely like this it is also with Kamala"
"præcis sådan er det også med Kamala"
"and it is the same way with the pleasures of love"
"og det er på samme måde med kærlighedens glæder"
"Beautiful and red is Kamala's mouth," answered Siddhartha
"Smuk og rød er Kamalas mund," svarede Siddhartha
"but don't try to kiss it against Kamala's will"
"men prøv ikke at kysse den mod Kamalas vilje"
"because you will not obtain a single drop of sweetness from it"
"fordi du ikke får en eneste dråbe sødme af det"
"You are learning easily, Siddhartha"
"Du lærer let, Siddhartha"
"you should also learn this"
"det burde du også lære"
"love can be obtained by begging, buying"
"Kærlighed kan opnås ved at tigge, købe"
"you can receive it as a gift"
"du kan få det som gave"
"or you can find it in the street"
"eller du kan finde det på gaden"
"but love cannot be stolen"
"men kærlighed kan ikke stjæles"
"In this, you have come up with the wrong path"
"I dette er du kommet på den forkerte vej"

"it would be a pity if you would want to tackle love in such a wrong manner"
"det ville være ærgerligt, hvis du ønsker at tackle kærligheden på en så forkert måde"
Siddhartha bowed with a smile
Siddhartha bukkede med et smil
"It would be a pity, Kamala, you are so right"
"Det ville være ærgerligt, Kamala, du har så ret"
"It would be such a great pity"
"Det ville være så ærgerligt"
"No, I shall not lose a single drop of sweetness from your mouth"
"Nej, jeg skal ikke miste en eneste dråbe sødme fra din mund"
"nor shall you lose sweetness from my mouth"
"Du skal heller ikke miste sødme fra min mund"
"So it is agreed. Siddhartha will return"
"Så det er aftalt. Siddhartha vender tilbage"
"Siddhartha will return once he has what he still lacks"
"Siddhartha vender tilbage, når han har det, han stadig mangler"
"he will come back with clothes, shoes, and money"
"han kommer tilbage med tøj, sko og penge"
"But speak, lovely Kamala, couldn't you still give me one small advice?"
"Men tal, dejlige Kamala, kunne du ikke stadig give mig et lille råd?"
"Give you an advice? Why not?"
"Give dig et råd? Hvorfor ikke?"
"Who wouldn't like to give advice to a poor, ignorant Samana?"
"Hvem vil ikke gerne give råd til en stakkels, uvidende Samana?"
"Dear Kamala, where I should go to find these three things most quickly?"
"Kære Kamala, hvor skal jeg hurtigst gå hen for at finde disse tre ting?"

"Friend, many would like to know this"
"Ven, mange vil gerne vide det"
"You must do what you've learned and ask for money"
"Du skal gøre, hvad du har lært og bede om penge"
"There is no other way for a poor man to obtain money"
"Der er ingen anden måde for en fattig mand at få penge"
"What might you be able to do?"
"Hvad kan du måske gøre?"
"I can think. I can wait. I can fast" said Siddhartha
"Jeg kan tænke. Jeg kan vente. Jeg kan faste" sagde Siddhartha
"Nothing else?" asked Kamala
"Intet andet?" spurgte Kamala
"yes, I can also write poetry"
"ja, jeg kan også digte"
"Would you like to give me a kiss for a poem?"
"Vil du give mig et kys til et digt?"
"I would like to, if I like your poem"
"Jeg vil gerne, hvis jeg kan lide dit digt"
"What would be its title?"
"Hvad ville dens titel være?"
Siddhartha spoke, after he had thought about it for a moment
Siddhartha talte, efter at han havde tænkt over det et øjeblik
"Into her shady garden stepped the pretty Kamala"
"Ind i hendes skyggefulde have trådte den smukke Kamala"
"At the garden's entrance stood the brown Samana"
"Ved havens indgang stod den brune Samana"
"Deeply, seeing the lotus's blossom, Bowed that man"
"Dybt, da han så lotusblomstens blomst, bøjede den mand"
"and smiling, Kamala thanked him"
"og smilende takkede Kamala ham"
"More lovely, thought the young man, than offerings for gods"
"Dejligere, tænkte den unge mand, end ofringer til guder"
Kamala clapped her hands so loud that the golden bracelets clanged

Kamala klappede i hænderne så højt, at de gyldne armbånd klirrede

"Beautiful are your verses, oh brown Samana"
"Smukke er dine vers, åh brune Samana"
"and truly, I'm losing nothing when I'm giving you a kiss for them"
"og virkelig, jeg mister ingenting, når jeg giver dig et kys for dem"
She beckoned him with her eyes
Hun vinkede ham med øjnene
he tilted his head so that his face touched hers
han bøjede hovedet, så hans ansigt rørte hendes
and he placed his mouth on her mouth
og han lagde sin mund på hendes mund
the mouth which was like a freshly cracked fig
munden som var som en nyknækket figen
For a long time, Kamala kissed him
I lang tid kyssede Kamala ham
and with a deep astonishment Siddhartha felt how she taught him
og med en dyb forbavselse følte Siddhartha, hvordan hun lærte ham
he felt how wise she was
han mærkede, hvor klog hun var
he felt how she controlled him
han mærkede, hvordan hun kontrollerede ham
he felt how she rejected him
han mærkede, hvordan hun afviste ham
he felt how she lured him
han mærkede, hvordan hun lokkede ham
and he felt how there were to be more kisses
og han mærkede, hvordan der skulle være flere kys
every kiss was different from the others
hvert kys var anderledes end de andre
he was still, when he received the kisses
han var stille, da han modtog kyssene

Breathing deeply, he remained standing where he was
Han trak vejret dybt og blev stående, hvor han var
he was astonished like a child about the things worth learning
han var forbavset som et barn over de ting, der var værd at lære
the knowledge revealed itself before his eyes
viden åbenbarede sig for hans øjne
"Very beautiful are your verses" exclaimed Kamala
"Meget smukke er dine vers" udbrød Kamala
"if I were rich, I would give you pieces of gold for them"
"hvis jeg var rig, ville jeg give dig guldstykker for dem"
"But it will be difficult for you to earn enough money with verses"
"Men det vil være svært for dig at tjene penge nok med vers"
"because you need a lot of money, if you want to be Kamala's friend"
"fordi du har brug for mange penge, hvis du vil være Kamalas ven"
"The way you're able to kiss, Kamala!" stammered Siddhartha
"Sådan du er i stand til at kysse, Kamala!" stammede Siddhartha
"Yes, this I am able to do"
"Ja, det kan jeg"
"therefore I do not lack clothes, shoes, bracelets"
"derfor mangler jeg ikke tøj, sko, armbånd"
"I have all the beautiful things"
"Jeg har alle de smukke ting"
"But what will become of you?"
"Men hvad skal der blive af dig?"
"Aren't you able to do anything else?"
"Kan du ikke gøre andet?"
"can you do more than think, fast, and make poetry?"
"kan du mere end at tænke, faste og digte?"
"I also know the sacrificial songs" said Siddhartha

"Jeg kender også offersangene," sagde Siddhartha
"but I do not want to sing those songs anymore"
"men jeg gider ikke synge de sange mere"
"I also know how to make magic spells"
"Jeg ved også, hvordan man laver magiske besværgelser"
"but I do not want to speak them anymore"
"men jeg vil ikke tale dem mere"
"I have read the scriptures"
"Jeg har læst skrifterne"
"Stop!" Kamala interrupted him
"Stop!" Kamala afbrød ham
"You're able to read and write?"
"Kan du læse og skrive?"
"Certainly, I can do this, many people can"
"Selvfølgelig kan jeg gøre dette, mange mennesker kan"
"Most people can't," Kamala replied
"De fleste mennesker kan ikke," svarede Kamala
"I am also one of those who can't do it"
"Jeg er også en af dem, der ikke kan"
"It is very good that you're able to read and write"
"Det er rigtig godt, at du kan læse og skrive"
"you will also find use for the magic spells"
"du vil også finde brug for de magiske besværgelser"
In this moment, a maid came running in
I dette øjeblik kom en tjenestepige løbende ind
she whispered a message into her mistress's ear
hviskede hun en besked i sin elskerindes øre
"There's a visitor for me" exclaimed Kamala
"Der er en besøgende til mig" udbrød Kamala
"Hurry and get yourself away, Siddhartha"
"Skynd dig og kom væk, Siddhartha"
"nobody may see you in here, remember this!"
"Ingen må se dig herinde, husk det!"
"Tomorrow, I'll see you again"
"I morgen ses vi igen"
Kamala ordered her maid to give Siddhartha white garments

Kamala beordrede sin stuepige til at give Siddhartha hvide klæder

and then Siddhartha found himself being dragged away by the maid

og så fandt Siddhartha, at han blev slæbt væk af tjenestepigen

he was brought into a garden-house out of sight of any paths

han blev bragt ind i et havehus uden for nogen stiers syne

then he was led into the bushes of the garden

så blev han ført ind i havens buske

he was urged to get himself out of the garden as soon as possible

han blev opfordret til hurtigst muligt at komme ud af haven

and he was told he must not be seen

og han fik at vide, at han ikke måtte ses

he did as he had been told

han gjorde, som han havde fået besked på

he was accustomed to the forest

han var vant til skoven

so he managed to get out without making a sound

så det lykkedes ham at komme ud uden at lave en lyd

he returned to the city carrying the rolled up garments under his arm

han vendte tilbage til byen med de sammenrullede klæder under armen

At the inn, where travellers stay, he positioned himself by the door

På kroen, hvor rejsende opholder sig, stillede han sig ved døren

without words he asked for food

uden ord bad han om mad

without a word he accepted a piece of rice-cake

uden et ord tog han imod et stykke riskage

he thought about how he had always begged

han tænkte på, hvordan han altid havde tigget

"Perhaps as soon as tomorrow I will ask no one for food anymore"
"Måske så snart i morgen vil jeg ikke bede nogen om mad mere"
Suddenly, pride flared up in him
Pludselig blussede stoltheden op i ham
He was no Samana any more
Han var ikke længere Samana
it was no longer appropriate for him to beg for food
det passede ham ikke længere at tigge om mad
he gave the rice-cake to a dog
han gav riskagen til en hund
and that night he remained without food
og den nat blev han uden mad
Siddhartha thought to himself about the city
Siddhartha tænkte ved sig selv om byen
"Simple is the life which people lead in this world"
"Simpelt er det liv, som mennesker lever i denne verden"
"this life presents no difficulties"
"dette liv giver ingen vanskeligheder"
"Everything was difficult and toilsome when I was a Samana"
"Alt var svært og besværligt, da jeg var Samana"
"as a Samana everything was hopeless"
"som en Samana var alt håbløst"
"but now everything is easy"
"men nu er alt nemt"
"it is easy like the lesson in kissing from Kamala"
"det er nemt som lektionen i at kysse fra Kamala"
"I need clothes and money, nothing else"
"Jeg har brug for tøj og penge, intet andet"
"these goals are small and achievable"
"disse mål er små og opnåelige"
"such goals won't make a person lose any sleep"
"sådanne mål vil ikke få en person til at miste søvn"

the next day he returned to Kamala's house
næste dag vendte han tilbage til Kamalas hus
"Things are working out well" she called out to him
"Det går godt" råbte hun til ham
"They are expecting you at Kamaswami's"
"De venter dig hos Kamaswami"
"he is the richest merchant of the city"
"han er byens rigeste købmand"
"If he likes you, he'll accept you into his service"
"Hvis han kan lide dig, vil han acceptere dig i sin tjeneste"
"but you must be smart, brown Samana"
"men du skal være smart, brun Samana"
"I had others tell him about you"
"Jeg fik andre til at fortælle ham om dig"
"Be polite towards him, he is very powerful"
"Vær høflig over for ham, han er meget magtfuld"
"But I warn you, don't be too modest!"
"Men jeg advarer dig, vær ikke for beskeden!"
"I do not want you to become his servant"
"Jeg ønsker ikke, at du skal blive hans tjener"
"you shall become his equal"
"du skal blive hans ligemand"
"or else I won't be satisfied with you"
"ellers vil jeg ikke være tilfreds med dig"
"Kamaswami is starting to get old and lazy"
"Kamaswami begynder at blive gammel og doven"
"If he likes you, he'll entrust you with a lot"
"Hvis han kan lide dig, vil han betro dig meget"
Siddhartha thanked her and laughed
Siddhartha takkede hende og lo
she found out that he had not eaten
hun fandt ud af, at han ikke havde spist
so she sent him bread and fruits
så hun sendte ham brød og frugter
"You've been lucky" she said when they parted
"Du har været heldig" sagde hun, da de skiltes

"I'm opening one door after another for you"
"Jeg åbner den ene dør efter den anden for dig"
"How come? Do you have a spell?"
"Hvordan det? Har du en magi?"
"I told you I knew how to think, to wait, and to fast"
"Jeg fortalte dig, at jeg vidste, hvordan jeg skulle tænke, vente og faste"
"but you thought this was of no use"
"men du troede det ikke nyttede noget"
"But it is useful for many things"
"Men det er nyttigt til mange ting"
"Kamala, you'll see that the stupid Samanas are good at learning"
"Kamala, du vil se, at de dumme Samanas er gode til at lære"
"you'll see they are able to do many pretty things in the forest"
"du vil se, at de er i stand til at lave mange smukke ting i skoven"
"things which the likes of you aren't capable of"
"ting som dig, som du ikke er i stand til"
"The day before yesterday, I was still a shaggy beggar"
"I forgårs var jeg stadig en lurvet tigger"
"as recently as yesterday I have kissed Kamala"
"så sent som i går har jeg kysset Kamala"
"and soon I'll be a merchant and have money"
"og snart er jeg købmand og har penge"
"and I'll have all those things you insist upon"
"og jeg vil have alle de ting, du insisterer på"
"Well yes," she admitted, "but where would you be without me?"
"Nå ja," indrømmede hun, "men hvor ville du være uden mig?"
"What would you be, if Kamala wasn't helping you?"
"Hvad ville du være, hvis Kamala ikke hjalp dig?"
"Dear Kamala" said Siddhartha
"Kære Kamala" sagde Siddhartha

and he straightened up to his full height
og han rettede sig op til sin fulde højde
"when I came to you into your garden, I did the first step"
"da jeg kom til dig i din have, gjorde jeg det første skridt"
"It was my resolution to learn love from this most beautiful woman"
"Det var min beslutning at lære kærlighed fra denne smukkeste kvinde"
"that moment I had made this resolution"
"det øjeblik havde jeg taget denne beslutning"
"and I knew I would carry it out"
"og jeg vidste, at jeg ville udføre det"
"I knew that you would help me"
"Jeg vidste, at du ville hjælpe mig"
"at your first glance at the entrance of the garden I already knew it"
"ved dit første blik ved indgangen til haven vidste jeg det allerede"
"But what if I hadn't been willing?" asked Kamala
"Men hvad nu hvis jeg ikke havde været villig?" spurgte Kamala
"You were willing" replied Siddhartha
"Du var villig" svarede Siddhartha
"When you throw a rock into water, it takes the fastest course to the bottom"
"Når du kaster en sten i vandet, tager den den hurtigste kurs til bunden"
"This is how it is when Siddhartha has a goal"
"Sådan er det, når Siddhartha har et mål"
"Siddhartha does nothing; he waits, he thinks, he fasts"
"Siddhartha gør ingenting; han venter, han tænker, han faster"
"but he passes through the things of the world like a rock through water"
"men han går gennem verdens ting som en klippe gennem vand"
"he passed through the water without doing anything"

"han gik gennem vandet uden at gøre noget"
"he is drawn to the bottom of the water"
"han er trukket til bunden af vandet"
"he lets himself fall to the bottom of the water"
"han lader sig falde til bunden af vandet"
"His goal attracts him towards it"
"Hans mål tiltrækker ham til det"
"he doesn't let anything enter his soul which might oppose the goal"
"han lader ikke noget komme ind i hans sjæl, som kan modsætte sig målet"
"This is what Siddhartha has learned among the Samanas"
"Dette er, hvad Siddhartha har lært blandt Samanaerne"
"This is what fools call magic"
"Det er, hvad tåber kalder magi"
"they think it is done by daemons"
"de tror, det er gjort af dæmoner"
"but nothing is done by daemons"
"men intet bliver gjort af dæmoner"
"there are no daemons in this world"
"der er ingen dæmoner i denne verden"
"Everyone can perform magic, should they choose to"
"Alle kan udføre magi, hvis de vælger det"
"everyone can reach his goals if he is able to think"
"alle kan nå sine mål, hvis han er i stand til at tænke"
"everyone can reach his goals if he is able to wait"
"alle kan nå sine mål, hvis han er i stand til at vente"
"everyone can reach his goals if he is able to fast"
"alle kan nå sine mål, hvis han er i stand til at faste"
Kamala listened to him; she loved his voice
Kamala lyttede til ham; hun elskede hans stemme
she loved the look from his eyes
hun elskede blikket fra hans øjne
"Perhaps it is as you say, friend"
"Måske er det som du siger, ven"
"But perhaps there is another explanation"

"Men måske er der en anden forklaring"
"Siddhartha is a handsome man"
"Siddhartha er en smuk mand"
"his glance pleases the women"
"hans blik glæder kvinderne"
"good fortune comes towards him because of this"
"held kommer til ham på grund af dette"
With one kiss, Siddhartha bid his farewell
Med ét kys sagde Siddhartha farvel
"I wish that it should be this way, my teacher"
"Jeg ville ønske, at det skulle være sådan, min lærer"
"I wish that my glance shall please you"
"Jeg ønsker, at mit blik skal glæde dig"
"I wish that that you always bring me good fortune"
"Jeg ønsker, at du altid bringer mig held"

With the Childlike People
Med de barnlige mennesker

Siddhartha went to Kamaswami the merchant
Siddhartha gik til købmanden Kamaswami
he was directed into a rich house
han blev ført ind i et rigt hus
servants led him between precious carpets into a chamber
tjenere førte ham mellem kostbare tæpper ind i et kammer
in the chamber was where he awaited the master of the house
i kammeret var der, hvor han ventede på husets herre
Kamaswami entered swiftly into the room
Kamaswami trådte hurtigt ind i rummet
he was a smoothly moving man
han var en let bevægende mand
he had very gray hair and very intelligent, cautious eyes
han havde meget gråt hår og meget intelligente, forsigtige øjne
and he had a greedy mouth
og han havde en grådig mund
Politely, the host and the guest greeted one another
Høfligt hilste værten og gæsten på hinanden
"I have been told that you were a Brahman" the merchant began
"Jeg har fået at vide, at du var en brahman" begyndte købmanden
"I have been told that you are a learned man"
"Jeg har fået at vide, at du er en lærd mand"
"and I have also been told something else"
"og jeg har også fået at vide noget andet"
"you seek to be in the service of a merchant"
"du søger at være i en købmands tjeneste"
"Might you have become destitute, Brahman, so that you seek to serve?"
"Kunne du være blevet nødlidende, Brahman, så du søger at tjene?"

"No," said Siddhartha, "I have not become destitute"
"Nej," sagde Siddhartha, "jeg er ikke blevet nødlidende"
"nor have I ever been destitute" added Siddhartha
"Jeg har heller aldrig været nødlidende" tilføjede Siddhartha
"You should know that I'm coming from the Samanas"
"Du burde vide, at jeg kommer fra Samanas"
"I have lived with them for a long time"
"Jeg har boet sammen med dem i lang tid"
"you are coming from the Samanas"
"du kommer fra Samanas"
"how could you be anything but destitute?"
"hvordan kunne du være andet end nødlidende?"
"Aren't the Samanas entirely without possessions?"
"Er Samanaerne ikke helt uden ejendele?"
"I am without possessions, if that is what you mean" said Siddhartha
"Jeg er uden ejendele, hvis det er det du mener" sagde Siddhartha
"But I am without possessions voluntarily"
"Men jeg er uden ejendele frivilligt"
"and therefore I am not destitute"
"og derfor er jeg ikke nødlidende"
"But what are you planning to live from, being without possessions?"
"Men hvad planlægger du at leve af, at være uden ejendele?"
"I haven't thought of this yet, sir"
"Jeg har ikke tænkt på det endnu, sir"
"For more than three years, I have been without possessions"
"I mere end tre år har jeg været uden ejendele"
"and I have never thought about of what I should live"
"og jeg har aldrig tænkt på, hvad jeg skulle leve"
"So you've lived of the possessions of others"
"Så du har levet af andres ejendele"
"Presumable, this is how it is?"
"Formodentlig er det sådan, det er?"
"Well, merchants also live of what other people own"

"Jamen, købmænd lever også af, hvad andre mennesker ejer"
"Well said," granted the merchant
"Godt sagt," indrømmede købmanden
"But he wouldn't take anything from another person for nothing"
"Men han ville ikke tage noget fra en anden person for ingenting"
"he would give his merchandise in return" said Kamaswami
"han ville give sine varer til gengæld" sagde Kamaswami
"So it seems to be indeed"
"Så det ser ud til at være"
"Everyone takes, everyone gives, such is life"
"Alle tager, alle giver, sådan er livet"
"But if you don't mind me asking, I have a question"
"Men hvis du ikke har noget imod, at jeg spørger, har jeg et spørgsmål"
"being without possessions, what would you like to give?"
"at være uden ejendele, hvad vil du gerne give?"
"Everyone gives what he has"
"Alle giver hvad han har"
"The warrior gives strength"
"Krigeren giver styrke"
"the merchant gives merchandise"
"købmanden giver varer"
"the teacher gives teachings"
"læreren giver undervisning"
"the farmer gives rice"
"bonden giver ris"
"the fisher gives fish"
"fiskeren giver fisk"
"Yes indeed. And what is it that you've got to give?"
"Ja sandelig. Og hvad er det, du har at give?"
"What is it that you've learned?"
"Hvad er det, du har lært?"
"what you're able to do?"
"hvad kan du?"

"I can think. I can wait. I can fast"
"Jeg kan tænke. Jeg kan vente. Jeg kan faste"
"That's everything?" asked Kamaswami
"Det er alt?" spurgte Kamaswami
"I believe that is everything there is!"
"Jeg tror, det er alt, hvad der er!"
"And what's the use of that?"
"Og hvad nytter det?"
"For example; fasting. What is it good for?"
"For eksempel; faste. Hvad er det godt for?"
"It is very good, sir"
"Det er meget godt, sir"
"there are times a person has nothing to eat"
"der er tidspunkter, hvor en person ikke har noget at spise"
"then fasting is the smartest thing he can do"
"så er faste det smarteste han kan gøre"
"there was a time where Siddhartha hadn't learned to fast"
"der var en tid, hvor Siddhartha ikke havde lært at faste"
"in this time he had to accept any kind of service"
"i denne tid måtte han acceptere enhver form for tjeneste"
"because hunger would force him to accept the service"
"fordi sult ville tvinge ham til at acceptere tjenesten"
"But like this, Siddhartha can wait calmly"
"Men sådan her kan Siddhartha vente roligt"
"he knows no impatience, he knows no emergency"
"han kender ingen utålmodighed, han kender ingen nødsituation"
"for a long time he can allow hunger to besiege him"
"i lang tid kan han tillade sult at belejre ham"
"and he can laugh about the hunger"
"og han kan grine af sulten"
"This, sir, is what fasting is good for"
"Dette, sir, er hvad faste er godt for"
"You're right, Samana" acknowledged Kamaswami
"Du har ret, Samana" erkendte Kamaswami
"Wait for a moment" he asked of his guest

"Vent et øjeblik" spurgte han sin gæst
Kamaswami left the room and returned with a scroll
Kamaswami forlod rummet og vendte tilbage med en rulle
he handed Siddhartha the scroll and asked him to read it
han rakte Siddhartha rullen og bad ham læse den
Siddhartha looked at the scroll handed to him
Siddhartha kiggede på rullen, der blev givet ham
on the scroll a sales-contract had been written
på rullen var der skrevet en salgskontrakt
he began to read out the scroll's contents
han begyndte at læse rullens indhold op
Kamaswami was very pleased with Siddhartha
Kamaswami var meget tilfreds med Siddhartha
"would you write something for me on this piece of paper?"
"vil du skrive noget til mig på dette stykke papir?"
He handed him a piece of paper and a pen
Han rakte ham et stykke papir og en kuglepen
Siddhartha wrote, and returned the paper
Siddhartha skrev og returnerede papiret
Kamaswami read, "Writing is good, thinking is better"
Kamaswami læste: "At skrive er godt, at tænke er bedre"
"Being smart is good, being patient is better"
"At være smart er godt, at være tålmodig er bedre"
"It is excellent how you're able to write" the merchant praised him
"Det er udmærket, hvordan du kan skrive," roste købmanden ham
"Many a thing we will still have to discuss with one another"
"Mange ting skal vi stadig diskutere med hinanden"
"For today, I'm asking you to be my guest"
"For i dag beder jeg dig om at være min gæst"
"please come to live in this house"
"kom venligst og bo i dette hus"
Siddhartha thanked Kamaswami and accepted his offer
Siddhartha takkede Kamaswami og accepterede hans tilbud
he lived in the dealer's house from now on

han boede i forhandlerens hus fra nu af
Clothes were brought to him, and shoes
Tøj blev bragt til ham, og sko
and every day, a servant prepared a bath for him
og hver dag lavede en tjener et bad til ham

Twice a day, a plentiful meal was served
To gange om dagen blev der serveret et rigeligt måltid
but Siddhartha only ate once a day
men Siddhartha spiste kun én gang om dagen
and he ate neither meat, nor did he drink wine
og han spiste hverken Kød eller drak Vin
Kamaswami told him about his trade
Kamaswami fortalte ham om sit fag
he showed him the merchandise and storage-rooms
han viste ham varerne og depoterne
he showed him how the calculations were done
han viste ham, hvordan beregningerne blev udført
Siddhartha got to know many new things
Siddhartha lærte mange nye ting at kende
he heard a lot and spoke little
han hørte meget og talte lidt
but he did not forget Kamala's words
men han glemte ikke Kamalas ord
so he was never subservient to the merchant
så han var aldrig købmanden underdanig
he forced him to treat him as an equal
han tvang ham til at behandle ham som en ligeværdig
perhaps he forced him to treat him as even more than an equal
måske tvang han ham til at behandle ham som endnu mere end en ligemand
Kamaswami conducted his business with care
Kamaswami drev sin forretning med omhu
and he was very passionate about his business
og han var meget passioneret omkring sin virksomhed

but Siddhartha looked upon all of this as if it was a game
men Siddhartha så på alt dette, som om det var et spil
he tried hard to learn the rules of the game precisely
han prøvede hårdt på at lære spillets regler præcist
but the contents of the game did not touch his heart
men spillets indhold rørte ikke hans hjerte
He had not been in Kamaswami's house for long
Han havde ikke været i Kamaswamis hus længe
but soon he took part in his landlord's business
men snart tog han del i sin godsejers forretning

every day he visited beautiful Kamala
hver dag besøgte han smukke Kamala
Kamala had an hour appointed for their meetings
Kamala havde en time afsat til deres møder
she was wearing pretty clothes and fine shoes
hun var iført smukt tøj og fine sko
and soon he brought her gifts as well
og snart bragte han hende også gaver
Much he learned from her red, smart mouth
Meget lærte han af hendes røde, smarte mund
Much he learned from her tender, supple hand
Meget lærte han af hendes ømme, smidige hånd
regarding love, Siddhartha was still a boy
Med hensyn til kærlighed var Siddhartha stadig en dreng
and he had a tendency to plunge into love blindly
og han havde en tendens til blindt at kaste sig ind i kærligheden
he fell into lust like into a bottomless pit
han faldt i begær som i en bundløs afgrund
she taught him thoroughly, starting with the basics
hun lærte ham grundigt, begyndende med det grundlæggende
pleasure cannot be taken without giving pleasure
nydelse kan ikke tages uden at give nydelse
every gesture, every caress, every touch, every look

hver gestus, hvert kærtegn, hver berøring, hvert blik
every spot of the body, however small it was, had its secret
hver plet på kroppen, hvor lille den end var, havde sin hemmelighed
the secrets would bring happiness to those who know them
hemmelighederne ville bringe lykke til dem, der kender dem
lovers must not part from one another after celebrating love
elskere må ikke skilles fra hinanden efter at have fejret kærligheden
they must not part without one admiring the other
de må ikke skilles, uden at den ene beundrer den anden
they must be as defeated as they have been victorious
de skal være lige så besejrede, som de har vundet
neither lover should start feeling fed up or bored
ingen af elskerne bør begynde at føle sig trætte eller ked af det
they should not get the evil feeling of having been abusive
de skal ikke få den onde følelse af at have været voldelige
and they should not feel like they have been abused
og de skal ikke føle, at de er blevet misbrugt
Wonderful hours he spent with the beautiful and smart artist
Vidunderlige timer han tilbragte med den smukke og smarte kunstner
he became her student, her lover, her friend
han blev hendes elev, hendes elsker, hendes ven
Here with Kamala was the worth and purpose of his present life
Her med Kamala var værdien og formålet med hans nuværende liv
his purpose was not with the business of Kamaswami
hans formål var ikke med Kamaswamis forretning

Siddhartha received important letters and contracts
Siddhartha modtog vigtige breve og kontrakter
Kamaswami began discussing all important affairs with him

Kamaswami begyndte at diskutere alle vigtige anliggender med ham

He soon saw that Siddhartha knew little about rice and wool

Han så hurtigt, at Siddhartha vidste lidt om ris og uld

but he saw that he acted in a fortunate manner

men han så, at han handlede på en heldig måde

and Siddhartha surpassed him in calmness and equanimity

og Siddhartha overgik ham i ro og ligevægt

he surpassed him in the art of understanding previously unknown people

han overgik ham i kunsten at forstå hidtil ukendte mennesker

Kamaswami spoke about Siddhartha to a friend

Kamaswami talte om Siddhartha til en ven

"This Brahman is no proper merchant"

"Denne Brahman er ingen ordentlig købmand"

"he will never be a merchant"

"han bliver aldrig en købmand"

"for business there is never any passion in his soul"

"for erhvervslivet er der aldrig nogen lidenskab i hans sjæl"

"But he has a mysterious quality about him"

"Men han har en mystisk kvalitet over sig"

"this quality brings success about all by itself"

"denne egenskab giver succes helt af sig selv"

"it could be from a good Star of his birth"

"det kunne være fra en god stjerne fra hans fødsel"

"or it could be something he has learned among Samanas"

"eller det kunne være noget, han har lært blandt Samanas"

"He always seems to be merely playing with our business-affairs"

"Han ser altid ud til at lege med vores forretningsanliggender"

"his business never fully becomes a part of him"

"hans forretning bliver aldrig helt en del af ham"

"his business never rules over him"

"hans forretning hersker aldrig over ham"

"he is never afraid of failure"

"han er aldrig bange for at fejle"

"he is never upset by a loss"
"han er aldrig ked af et tab"
The friend advised the merchant
Vennen rådgav købmanden
"Give him a third of the profits he makes for you"
"Giv ham en tredjedel af det overskud, han tjener til dig"
"but let him also be liable when there are losses"
"men lad ham også være ansvarlig, når der er tab"
"Then, he'll become more zealous"
"Så bliver han mere ivrig"
Kamaswami was curious, and followed the advice
Kamaswami var nysgerrig og fulgte rådet
But Siddhartha cared little about loses or profits
Men Siddhartha brød sig lidt om tab eller overskud
When he made a profit, he accepted it with equanimity
Når han fik overskud, accepterede han det med sindsro
when he made losses, he laughed it off
når han tabte, grinede han af det
It seemed indeed, as if he did not care about the business
Det virkede faktisk, som om han var ligeglad med forretningen
At one time, he travelled to a village
På et tidspunkt rejste han til en landsby
he went there to buy a large harvest of rice
han gik derhen for at købe en stor høst af ris
But when he got there, the rice had already been sold
Men da han kom dertil, var risene allerede solgt
another merchant had gotten to the village before him
en anden købmand var kommet til landsbyen før ham
Nevertheless, Siddhartha stayed for several days in that village
Ikke desto mindre blev Siddhartha i flere dage i den landsby
he treated the farmers for a drink
han trakterede bønderne for en drink
he gave copper-coins to their children
han gav kobbermønter til deres børn

he joined in the celebration of a wedding
han deltog i fejringen af et bryllup
and he returned extremely satisfied from his trip
og han vendte yderst tilfreds tilbage fra sin rejse
Kamaswami was angry that Siddhartha had wasted time and money
Kamaswami var vred over, at Siddhartha havde spildt tid og penge
Siddhartha answered "Stop scolding, dear friend!"
Siddhartha svarede "Stop med at skælde ud, kære ven!"
"Nothing was ever achieved by scolding"
"Intet blev nogensinde opnået ved at skælde ud"
"If a loss has occurred, let me bear that loss"
"Hvis der er sket et tab, så lad mig bære det tab"
"I am very satisfied with this trip"
"Jeg er meget tilfreds med denne tur"
"I have gotten to know many kinds of people"
"Jeg har lært mange slags mennesker at kende"
"a Brahman has become my friend"
"en Brahman er blevet min ven"
"children have sat on my knees"
"børn har siddet på mine knæ"
"farmers have shown me their fields"
"bønder har vist mig deres marker"
"nobody knew that I was a merchant"
"ingen vidste, at jeg var en købmand"
"That's all very nice," exclaimed Kamaswami indignantly
"Det er alt sammen meget rart," udbrød Kamaswami indigneret
"but in fact, you are a merchant after all"
"men faktisk er du trods alt en købmand"
"Or did you have only travel for your amusement?"
"Eller havde du kun rejser for din morskab?"
"of course I have travelled for my amusement" Siddhartha laughed

"selvfølgelig har jeg rejst for min morskabs skyld" grinede Siddhartha

"For what else would I have travelled?"

"For hvad skulle jeg ellers have rejst?"

"I have gotten to know people and places"

"Jeg har lært mennesker og steder at kende"

"I have received kindness and trust"

"Jeg har modtaget venlighed og tillid"

"I have found friendships in this village"

"Jeg har fundet venskaber i denne landsby"

"if I had been Kamaswami, I would have travelled back annoyed"

"hvis jeg havde været Kamaswami, ville jeg have rejst irriteret tilbage"

"I would have been in hurry as soon as my purchase failed"

"Jeg ville have travlt, så snart mit køb mislykkedes"

"and time and money would indeed have been lost"

"og tid og penge ville virkelig være gået tabt"

"But like this, I've had a few good days"

"Men sådan her har jeg haft et par gode dage"

"I've learned from my time there"

"Jeg har lært af min tid der"

"and I have had joy from the experience"

"og jeg har haft glæde af oplevelsen"

"I've neither harmed myself nor others by annoyance and hastiness"

"Jeg har hverken skadet mig selv eller andre ved ærgrelse og hastværk"

"if I ever return friendly people will welcome me"

"hvis jeg nogensinde vender tilbage, vil venlige mennesker byde mig velkommen"

"if I return to do business friendly people will welcome me too"

"hvis jeg vender tilbage for at drive forretning vil venlige mennesker også byde mig velkommen"

"I praise myself for not showing any hurry or displeasure"

"Jeg roser mig selv for ikke at have vist nogen hast eller utilfredshed"
"So, leave it as it is, my friend"
"Så lad det være som det er, min ven"
"and don't harm yourself by scolding"
"og ikke skade dig selv ved at skælde ud"
"If you see Siddhartha harming himself, then speak with me"
"Hvis du ser Siddhartha skade sig selv, så tal med mig"
"and Siddhartha will go on his own path"
"og Siddhartha vil gå på sin egen vej"
"But until then, let's be satisfied with one another"
"Men indtil da, lad os være tilfredse med hinanden"
the merchant's attempts to convince Siddhartha were futile
købmandens forsøg på at overbevise Siddhartha var forgæves
he could not make Siddhartha eat his bread
han kunne ikke få Siddhartha til at spise sit brød
Siddhartha ate his own bread
Siddhartha spiste sit eget brød
or rather, they both ate other people's bread
eller rettere sagt, de spiste begge andres brød
Siddhartha never listened to Kamaswami's worries
Siddhartha lyttede aldrig til Kamaswamis bekymringer
and Kamaswami had many worries he wanted to share
og Kamaswami havde mange bekymringer, han ønskede at dele
there were business-deals going on in danger of failing
der var forretningsaftaler i gang med fare for at mislykkes
shipments of merchandise seemed to have been lost
forsendelser af varer syntes at være gået tabt
debtors seemed to be unable to pay
skyldnere syntes at være ude af stand til at betale
Kamaswami could never convince Siddhartha to utter words of worry
Kamaswami kunne aldrig overbevise Siddhartha til at udtale bekymringsord

Kamaswami could not make Siddhartha feel anger towards business
Kamaswami kunne ikke få Siddhartha til at føle vrede over for erhvervslivet
he could not get him to to have wrinkles on the forehead
han kunne ikke få ham til at få rynker på panden
he could not make Siddhartha sleep badly
han kunne ikke få Siddhartha til at sove dårligt

one day, Kamaswami tried to speak with Siddhartha
en dag prøvede Kamaswami at tale med Siddhartha
"Siddhartha, you have failed to learn anything new"
"Siddhartha, du har undladt at lære noget nyt"
but again, Siddhartha laughed at this
men igen, Siddhartha lo af dette
"Would you please not kid me with such jokes"
"Vil du venligst ikke narre mig med sådanne vittigheder"
"What I've learned from you is how much a basket of fish costs"
"Det, jeg har lært af dig, er, hvor meget en kurv med fisk koster"
"and I learned how much interest may be charged on loaned money"
"og jeg lærte, hvor mange renter der kan opkræves på lånte penge"
"These are your areas of expertise"
"Dette er dine ekspertiseområder"
"I haven't learned to think from you, my dear Kamaswami"
"Jeg har ikke lært at tænke fra dig, min kære Kamaswami"
"you ought to be the one seeking to learn from me"
"du burde være den, der søger at lære af mig"
Indeed his soul was not with the trade
Faktisk var hans sjæl ikke med i handelen
The business was good enough to provide him with money for Kamala
Forretningen var god nok til at give ham penge til Kamala

and it earned him much more than he needed
og det tjente ham meget mere, end han havde brug for
Besides Kamala, Siddhartha's curiosity was with the people
Udover Kamala var Siddharthas nysgerrighed hos folket
their businesses, crafts, worries, and pleasures
deres forretninger, håndværk, bekymringer og fornøjelser
all these things used to be alien to him
alle disse ting plejede at være fremmede for ham
their acts of foolishness used to be as distant as the moon
deres tåbelige handlinger plejede at være lige så fjernt som månen
he easily succeeded in talking to all of them
det lykkedes ham let at tale med dem alle
he could live with all of them
han kunne leve med dem alle
and he could continue to learn from all of them
og han kunne blive ved med at lære af dem alle
but there was something which separated him from them
men der var noget, der skilte ham fra dem
he could feel a divide between him and the people
han kunne mærke et skel mellem ham og folket
this separating factor was him being a Samana
denne adskillende faktor var, at han var en Samana
He saw mankind going through life in a childlike manner
Han så menneskeheden gå gennem livet på en barnlig måde
in many ways they were living the way animals live
på mange måder levede de, som dyrene lever
he loved and also despised their way of life
han elskede og foragtede også deres levevis
He saw them toiling and suffering
Han så dem arbejde og lide
they were becoming gray for things unworthy of this price
de var ved at blive grå for ting, der var uværdige til denne pris
they did things for money and little pleasures
de gjorde ting for penge og små fornøjelser
they did things for being slightly honoured

de gjorde ting for at blive lidt beæret
he saw them scolding and insulting each other
han så dem skælde ud og fornærme hinanden
he saw them complaining about pain
han så dem klage over smerte
pains at which a Samana would only smile
smerter, som en Samana kun ville smile ved
and he saw them suffering from deprivations
og han så dem lide af afsavn
deprivations which a Samana would not feel
afsavn, som en Samana ikke ville føle
He was open to everything these people brought his way
Han var åben over for alt, hvad disse mennesker bragte hans vej
welcome was the merchant who offered him linen for sale
velkommen var købmanden, som tilbød ham linned til salg
welcome was the debtor who sought another loan
velkommen var skyldneren, der søgte et andet lån
welcome was the beggar who told him the story of his poverty
velkommen var tiggeren, der fortalte ham historien om hans fattigdom
the beggar who was not half as poor as any Samana
tiggeren, der ikke var halvt så fattig som nogen Samana
He did not treat the rich merchant and his servant different
Han behandlede ikke den rige købmand og hans tjener anderledes
he let street-vendor cheat him when buying bananas
han lod gadesælger snyde ham, når han købte bananer
Kamaswami would often complain to him about his worries
Kamaswami klagede ofte til ham over hans bekymringer
or he would reproach him about his business
eller han ville bebrejde ham for hans forretning
he listened curiously and happily
han lyttede nysgerrigt og glad
but he was puzzled by his friend

men han var forundret over sin ven
he tried to understand him
han prøvede at forstå ham
and he admitted he was right, up to a certain point
og han indrømmede, at han havde ret, indtil et vist punkt
there were many who asked for Siddhartha
der var mange, der bad om Siddhartha
many wanted to do business with him
mange ønskede at handle med ham
there were many who wanted to cheat him
der var mange, der ville snyde ham
many wanted to draw some secret out of him
mange ønskede at trække en hemmelighed ud af ham
many wanted to appeal to his sympathy
mange ønskede at appellere til hans sympati
many wanted to get his advice
mange ønskede at få hans råd
He gave advice to those who wanted it
Han gav råd til dem, der ønskede det
he pitied those who needed pity
han havde ondt af dem, der havde brug for medlidenhed
he made gifts to those who liked presents
han gav gaver til dem, der kunne lide gaver
he let some cheat him a bit
han lod nogle snyde ham lidt
this game which all people played occupied his thoughts
denne leg, som alle mennesker spillede, optog hans tanker
he thought about this game just as much as he had about the Gods
han tænkte på dette spil lige så meget som han havde på guderne
deep in his chest he felt a dying voice
dybt i brystet mærkede han en døende stemme
this voice admonished him quietly
denne stemme formanede ham stille
and he hardly perceived the voice inside of himself

og han fornemmede næsten ikke stemmen inde i sig selv
And then, for an hour, he became aware of something
Og så, i en time, blev han opmærksom på noget
he became aware of the strange life he was leading
han blev opmærksom på det mærkelige liv, han førte
he realized this life was only a game
han indså, at dette liv kun var en leg
at times he would feel happiness and joy
til tider følte han lykke og glæde
but real life was still passing him by
men det virkelige liv gik stadig forbi ham
and it was passing by without touching him
og den gik forbi uden at røre ham
Siddhartha played with his business-deals
Siddhartha legede med sine forretningsaftaler
Siddhartha found amusement in the people around him
Siddhartha fandt morskab i folk omkring ham
but regarding his heart, he was not with them
men angående hans Hjerte var han ikke med dem
The source ran somewhere, far away from him
Kilden løb et sted langt væk fra ham
it ran and ran invisibly
den løb og løb usynligt
it had nothing to do with his life any more
det havde ikke længere noget med hans liv at gøre
at several times he became scared on account of such thoughts
flere gange blev han bange på grund af sådanne tanker
he wished he could participate in all of these childlike games
han ville ønske, han kunne deltage i alle disse barnlige lege
he wanted to really live
han ville virkelig leve
he wanted to really act in their theatre
han ville virkelig optræde i deres teater
he wanted to really enjoy their pleasures

han ville virkelig nyde deres fornøjelser
and he wanted to live, instead of just standing by as a spectator
og han ville leve, i stedet for bare at stå ved siden af som tilskuer

But again and again, he came back to beautiful Kamala
Men igen og igen kom han tilbage til smukke Kamala
he learned the art of love
han lærte kærlighedens kunst
and he practised the cult of lust
og han praktiserede lystens kult
lust, in which giving and taking becomes one
begær, hvor det at give og tage bliver ét
he chatted with her and learned from her
han snakkede med hende og lærte af hende
he gave her advice, and he received her advice
han gav hende råd, og han modtog hendes råd
She understood him better than Govinda used to understand him
Hun forstod ham bedre, end Govinda plejede at forstå ham
she was more similar to him than Govinda had been
hun lignede ham mere, end Govinda havde været
"You are like me," he said to her
"Du er ligesom mig," sagde han til hende
"you are different from most people"
"du er anderledes end de fleste mennesker"
"You are Kamala, nothing else"
"Du er Kamala, intet andet"
"and inside of you, there is a peace and refuge"
"og inde i dig er der fred og tilflugt"
"a refuge to which you can go at every hour of the day"
"et fristed, som du kan gå til hver time af dagen"
"you can be at home with yourself"
"du kan være hjemme med dig selv"
"I can do this too"

."Det kan jeg også"
"Few people have this place"
"Få mennesker har dette sted"
"and yet all of them could have it"
"og alligevel kunne de alle få det"
"Not all people are smart" said Kamala
"Ikke alle mennesker er kloge," sagde Kamala
"No," said Siddhartha, "that's not the reason why"
"Nej," sagde Siddhartha, "det er ikke grunden til det"
"Kamaswami is just as smart as I am"
"Kamaswami er lige så smart som jeg er"
"but he has no refuge in himself"
"men han har ingen tilflugt i sig selv"
"Others have it, although they have the minds of children"
"Andre har det, selvom de har børns sind"
"Most people, Kamala, are like a falling leaf"
"De fleste mennesker, Kamala, er som et faldende blad"
"a leaf which is blown and is turning around through the air"
"et blad, der blæses og vender rundt gennem luften"
"a leaf which wavers, and tumbles to the ground"
"et blad der vakler og vælter til jorden"
"But others, a few, are like stars"
"Men andre, nogle få, er som stjerner"
"they go on a fixed course"
"de går på et fast kursus"
"no wind reaches them"
"ingen vind når dem"
"in themselves they have their law and their course"
"i sig selv har de deres lov og deres kurs"
"Among all the learned men I have met, there was one of this kind"
"Blandt alle de lærde mænd, jeg har mødt, var der en af denne slags"
"he was a truly perfected one"
"han var en virkelig perfektion"

"I'll never be able to forget him"
"Jeg vil aldrig kunne glemme ham"
"It is that Gotama, the exalted one"
"Det er den Gotama, den ophøjede"
"Thousands of followers are listening to his teachings every day"
"Tusinder af tilhængere lytter til hans lære hver dag"
"they follow his instructions every hour"
"de følger hans instruktioner hver time"
"but they are all falling leaves"
"men de er alle faldende blade"
"not in themselves they have teachings and a law"
"ikke i sig selv har de lære og en lov"
Kamala looked at him with a smile
Kamala så på ham med et smil
"Again, you're talking about him," she said
"Igen, du taler om ham," sagde hun
"again, you're having a Samana's thoughts"
"igen, du har en Samanas tanker"
Siddhartha said nothing, and they played the game of love
Siddhartha sagde intet, og de spillede kærlighedens spil
one of the thirty or forty different games Kamala knew
et af de tredive eller fyrre forskellige spil Kamala kendte
Her body was flexible like that of a jaguar
Hendes krop var fleksibel som en jaguars
flexible like the bow of a hunter
fleksibel som buen af en jæger
he who had learned from her how to make love
ham, der havde lært af hende, hvordan man elsker
he was knowledgeable of many forms of lust
han var vidende om mange former for lyst
he that learned from her knew many secrets
han, der lærte af hende, kendte mange hemmeligheder
For a long time, she played with Siddhartha
I lang tid legede hun med Siddhartha
she enticed him and rejected him

hun lokkede ham og afviste ham
she forced him and embraced him
hun tvang ham og omfavnede ham
she enjoyed his masterful skills
hun nød hans mesterlige evner
until he was defeated and rested exhausted by her side
indtil han blev besejret og hvilede udmattet ved hendes side
The courtesan bent over him
Kurtisanen bøjede sig over ham
she took a long look at his face
hun kiggede længe på hans ansigt
she looked at his eyes, which had grown tired
hun så på hans øjne, som var blevet trætte
"You are the best lover I have ever seen" she said thoughtfully
"Du er den bedste elsker jeg nogensinde har set" sagde hun eftertænksomt
"You're stronger than others, more supple, more willing"
"Du er stærkere end andre, mere smidig, mere villig"
"You've learned my art well, Siddhartha"
"Du har lært min kunst godt, Siddhartha"
"At some time, when I'll be older, I'd want to bear your child"
"På et tidspunkt, når jeg bliver ældre, vil jeg gerne føde dit barn"
"And yet, my dear, you've remained a Samana"
"Og alligevel, min kære, du er forblevet en Samana"
"and despite this, you do not love me"
"og på trods af dette elsker du mig ikke"
"there is nobody that you love"
"der er ingen du elsker"
"Isn't it so?" asked Kamala
"Er det ikke sådan?" spurgte Kamala
"It might very well be so," Siddhartha said tiredly
"Det kan meget vel være sådan," sagde Siddhartha træt
"I am like you, because you also do not love"

"Jeg er ligesom dig, fordi du heller ikke elsker"
"how else could you practise love as a craft?"
"hvordan kunne du ellers udøve kærlighed som et håndværk?"
"Perhaps, people of our kind can't love"
"Måske kan folk af vores slags ikke elske"
"The childlike people can love, that's their secret"
"De barnlige mennesker kan elske, det er deres hemmelighed"

Sansara

For a long time, Siddhartha had lived in the world and lust
I lang tid havde Siddhartha levet i verden og begær
he lived this way though, without being a part of it
han levede dog sådan uden at være en del af det
he had killed this off when he had been a Samana
han havde slået det ihjel, da han havde været en Samana
but now they had awoken again
men nu var de vågnede igen
he had tasted riches, lust, and power
han havde smagt rigdom, lyst og magt
for a long time he had remained a Samana in his heart
i lang tid var han forblevet en Samana i sit hjerte
Kamala, being smart, had realized this quite right
Kamala, som var klog, havde indset dette helt rigtigt
thinking, waiting, and fasting still guided his life
tænkning, venten og fasten styrede stadig hans liv
the childlike people remained alien to him
de barnlige mennesker forblev ham fremmede
and he remained alien to the childlike people
og han forblev fremmed for de barnlige mennesker
Years passed by; surrounded by the good life
År gik; omgivet af det gode liv
Siddhartha hardly felt the years fading away
Siddhartha mærkede næsten ikke, at årene forsvandt
He had become rich and possessed a house of his own
Han var blevet rig og havde sit eget hus
he even had his own servants
han havde endda sine egne tjenere
he had a garden before the city, by the river
han havde en have foran byen, ved floden
The people liked him and came to him for money or advice
Folk kunne lide ham og kom til ham for at få penge eller råd
but there was nobody close to him, except Kamala
men der var ingen tæt på ham, undtagen Kamala

the bright state of being awake
den lyse tilstand af at være vågen
the feeling which he had experienced at the height of his youth
den følelse, som han havde oplevet på højden af sin ungdom
in those days after Gotama's sermon
i de dage efter Gotamas prædiken
after the separation from Govinda
efter adskillelsen fra Govinda
the tense expectation of life
den spændte forventning om livet
the proud state of standing alone
den stolte tilstand at stå alene
being without teachings or teachers
være uden undervisning eller lærere
the supple willingness to listen to the divine voice in his own heart
den smidige villighed til at lytte til den guddommelige stemme i sit eget hjerte
all these things had slowly become a memory
alle disse ting var langsomt blevet et minde
the memory had been fleeting, distant, and quiet
mindet havde været flygtigt, fjernt og stille
the holy source, which used to be near, now only murmured
den hellige kilde, som før var nær, mumlede nu kun
the holy source, which used to murmur within himself
den hellige kilde, som plejede at knurre i sig selv
Nevertheless, many things he had learned from the Samanas
Ikke desto mindre havde han lært mange ting af Samanaerne
he had learned from Gotama
han havde lært af Gotama
he had learned from his father the Brahman
han havde lært af sin far Brahmanen
his father had remained within his being for a long time
hans far var blevet i hans væsen i lang tid
moderate living, the joy of thinking, hours of meditation

moderat levevis, glæden ved at tænke, timers meditation
the secret knowledge of the self; his eternal entity
den hemmelige viden om selvet; hans evige væsen
the self which is neither body nor consciousness
selvet som hverken er krop eller bevidsthed
Many a part of this he still had
Mange en del af dette havde han stadig
but one part after another had been submerged
men den ene del efter den anden var blevet nedsænket
and eventually each part gathered dust
og til sidst samlede hver del støv
a potter's wheel, once in motion, will turn for a long time
et pottemagerhjul vil, når det først er i bevægelse, dreje i lang tid
it loses its vigour only slowly
den mister kun langsomt sin kraft
and it comes to a stop only after time
og det stopper først efter tid
Siddhartha's soul had kept on turning the wheel of asceticism
Siddharthas sjæl var blevet ved med at dreje hjulet af askese
the wheel of thinking had kept turning for a long time
tænkehjulet var blevet ved med at dreje i lang tid
the wheel of differentiation had still turned for a long time
differentieringshjulet havde stadig drejet sig længe
but it turned slowly and hesitantly
men det drejede langsomt og tøvende
and it was close to coming to a standstill
og den var tæt på at gå i stå
Slowly, like humidity entering the dying stem of a tree
Langsomt, som fugt, der trænger ind i den døende stamme af et træ
filling the stem slowly and making it rot
fylde stilken langsomt og få den til at rådne
the world and sloth had entered Siddhartha's soul
verden og dovenskab var kommet ind i Siddharthas sjæl

slowly it filled his soul and made it heavy
langsomt fyldte det hans sjæl og gjorde det tungt
it made his soul tired and put it to sleep
det gjorde hans sjæl træt og fik den til at sove
On the other hand, his senses had become alive
På den anden side var hans sanser blevet levende
there was much his senses had learned
der var meget, hans sanser havde lært
there was much his senses had experienced
der var meget, hans sanser havde oplevet
Siddhartha had learned to trade
Siddhartha havde lært at handle
he had learned how to use his power over people
han havde lært at bruge sin magt over mennesker
he had learned how to enjoy himself with a woman
han havde lært at hygge sig med en kvinde
he had learned how to wear beautiful clothes
han havde lært at bære smukt tøj
he had learned how to give orders to servants
han havde lært at give ordrer til tjenere
he had learned how to bathe in perfumed waters
han havde lært at bade i parfumeret vand
He had learned how to eat tenderly and carefully prepared food
Han havde lært at spise nænsomt og omhyggeligt tilberedt mad
he even ate fish, meat, and poultry
han spiste endda fisk, kød og fjerkræ
spices and sweets and wine, which causes sloth and forgetfulness
krydderier og slik og vin, som forårsager dovenskab og glemsel
He had learned to play with dice and on a chess-board
Han havde lært at spille med terninger og på et skakbræt
he had learned to watch dancing girls
han havde lært at se dansepiger

he learned to have himself carried about in a sedan-chair
han lærte at lade sig bære i en sedan-stol
he learned to sleep on a soft bed
han lærte at sove på en blød seng
But still he felt different from others
Men alligevel følte han sig anderledes end andre
he still felt superior to the others
han følte sig stadig overlegen i forhold til de andre
he always watched them with some mockery
han iagttog dem altid med nogen hån
there was always some mocking disdain to how he felt about them
der var altid en eller anden hånende foragt for, hvordan han havde det med dem
the same disdain a Samana feels for the people of the world
den samme foragt, som en Samana føler for verdens mennesker

Kamaswami was ailing and felt annoyed
Kamaswami var syg og følte sig irriteret
he felt insulted by Siddhartha
han følte sig fornærmet af Siddhartha
and he was vexed by his worries as a merchant
og han var irriteret over sine bekymringer som købmand
Siddhartha had always watched these things with mockery
Siddhartha havde altid iagttaget disse ting med hån
but his mockery had become more tired
men hans Spot var blevet mere træt
his superiority had become more quiet
hans overlegenhed var blevet mere stille
as slowly imperceptible as the rainy season passing by
lige så langsomt umærkelig som regntiden går forbi
slowly, Siddhartha had assumed something of the childlike people's ways
langsomt havde Siddhartha antaget noget af de barnlige menneskers veje

he had gained some of their childishness
han havde fået noget af deres barnlighed
and he had gained some of their fearfulness
og han havde fået noget af deres frygt
And yet, the more be become like them the more he envied them
Og dog, jo mere man bliver som dem, jo mere misundte han dem
He envied them for the one thing that was missing from him
Han misundte dem for den ene ting, der manglede ham
the importance they were able to attach to their lives
den betydning, de var i stand til at tillægge deres liv
the amount of passion in their joys and fears
mængden af lidenskab i deres glæder og frygt
the fearful but sweet happiness of being constantly in love
den frygtsomme, men søde lykke ved at være konstant forelsket
These people were in love with themselves all of the time
Disse mennesker var forelsket i sig selv hele tiden
women loved their children, with honours or money
kvinder elskede deres børn, med hæder eller penge
the men loved themselves with plans or hopes
mændene elskede sig selv med planer eller håb
But he did not learn this from them
Men det lærte han ikke af dem
he did not learn the joy of children
han lærte ikke børns glæde
and he did not learn their foolishness
og han lærte ikke deres dårskab
what he mostly learned were their unpleasant things
hvad han for det meste lærte var deres ubehagelige ting
and he despised these things
og han foragtede disse Ting
in the morning, after having had company
om morgenen, efter at have haft selskab
more and more he stayed in bed for a long time

mere og mere blev han længe i sengen
he felt unable to think, and was tired
han følte sig ude af stand til at tænke og var træt
he became angry and impatient when Kamaswami bored him with his worries
han blev vred og utålmodig, da Kamaswami kedede ham med sine bekymringer
he laughed just too loud when he lost a game of dice
han lo bare for højt, da han tabte et terningspil
His face was still smarter and more spiritual than others
Hans ansigt var stadig smartere og mere åndeligt end andres
but his face rarely laughed anymore
men hans ansigt lo sjældent mere
slowly, his face assumed other features
langsomt antog hans ansigt andre træk
the features often found in the faces of rich people
de træk, der ofte findes i rige menneskers ansigter
features of discontent, of sickliness, of ill-humour
træk af utilfredshed, af sygdom, af dårlig humor
features of sloth, and of a lack of love
træk ved dovenskab og mangel på kærlighed
the disease of the soul which rich people have
sjælens sygdom, som rige mennesker har
Slowly, this disease grabbed hold of him
Langsomt greb denne sygdom fat i ham
like a thin mist, tiredness came over Siddhartha
som en tynd tåge kom trætheden over Siddhartha
slowly, this mist got a bit denser every day
langsomt blev denne tåge en smule tættere hver dag
it got a bit murkier every month
det blev en smule mere skumlere hver måned
and every year it got a bit heavier
og hvert år blev det lidt tungere
dresses become old with time
kjoler bliver gamle med tiden
clothes lose their beautiful colour over time

tøj mister deres smukke farve med tiden
they get stains, wrinkles, worn off at the seams
de får pletter, rynker, slidt af ved sømmene
they start to show threadbare spots here and there
de begynder at vise slidte pletter hist og her
this is how Siddhartha's new life was
sådan var Siddharthas nye liv
the life which he had started after his separation from Govinda
det liv, han havde startet efter sin adskillelse fra Govinda
his life had grown old and lost colour
hans liv var blevet gammelt og mistet farve
there was less splendour to it as the years passed by
der var mindre pragt over det, som årene gik
his life was gathering wrinkles and stains
hans liv samlede rynker og pletter
and hidden at bottom, disappointment and disgust were waiting
og skjult i bunden ventede skuffelse og afsky
they were showing their ugliness
de viste deres grimhed
Siddhartha did not notice these things
Siddhartha lagde ikke mærke til disse ting
he remembered the bright and reliable voice inside of him
han huskede den lyse og pålidelige stemme i ham
he noticed the voice had become silent
han bemærkede, at stemmen var blevet tavs
the voice which had awoken in him at that time
den stemme, der var vågnet i ham på det tidspunkt
the voice that had guided him in his best times
stemmen, der havde guidet ham i hans bedste tid
he had been captured by the world
han var blevet fanget af verden
he had been captured by lust, covetousness, sloth
han var blevet fanget af begær, begærlighed, dovenskab
and finally he had been captured by his most despised vice

og endelig var han blevet fanget af sin mest foragtede last
the vice which he mocked the most
den last, som han hånede mest
the most foolish one of all vices
den mest tåbelige af alle laster
he had let greed into his heart
han havde sluppet grådighed ind i sit hjerte
Property, possessions, and riches also had finally captured him
Ejendom, ejendele og rigdomme havde også endelig fanget ham
having things was no longer a game to him
at have ting var ikke længere en leg for ham
his possessions had become a shackle and a burden
hans ejendele var blevet en lænke og en byrde
It had happened in a strange and devious way
Det var sket på en mærkelig og lusket måde
Siddhartha had gotten this vice from the game of dice
Siddhartha havde fået denne skruestik fra terningespillet
he had stopped being a Samana in his heart
han var holdt op med at være en Samana i sit hjerte
and then he began to play the game for money
og så begyndte han at spille spillet for penge
first he joined the game with a smile
først kom han med i spillet med et smil
at this time he only played casually
på dette tidspunkt spillede han kun afslappet
he wanted to join the customs of the childlike people
han vilde slutte sig til de barnlige Folks Skikke
but now he played with an increasing rage and passion
men nu spillede han med et stigende raseri og lidenskab
He was a feared gambler among the other merchants
Han var en frygtet gambler blandt de andre købmænd
his stakes were so audacious that few dared to take him on
hans indsatser var så dristige, at få vovede at tage imod ham
He played the game due to a pain of his heart

Han spillede spillet på grund af en smerte i hans hjerte
losing and wasting his wretched money brought him an angry joy
at miste og spilde sine usle penge gav ham en vred glæde
he could demonstrate his disdain for wealth in no other way
han kunne på ingen anden måde demonstrere sin foragt for rigdom
he could not mock the merchants' false god in a better way
han kunne ikke håne købmændenes falske gud på en bedre måde
so he gambled with high stakes
så han spillede med høje indsatser
he mercilessly hated himself and mocked himself
han hadede sig selv nådesløst og hånede sig selv
he won thousands, threw away thousands
han vandt tusinder, smed tusinder væk
he lost money, jewellery, a house in the country
han mistede penge, smykker, et hus på landet
he won it again, and then he lost again
han vandt den igen, og så tabte han igen
he loved the fear he felt while he was rolling the dice
han elskede den frygt, han følte, mens han kastede terningerne
he loved feeling worried about losing what he gambled
han elskede at føle sig bekymret over at miste det, han spillede
he always wanted to get this fear to a slightly higher level
han har altid ønsket at få denne frygt op på et lidt højere niveau
he only felt something like happiness when he felt this fear
han følte kun noget som lykke, da han følte denne frygt
it was something like an intoxication
det var noget i retning af en rus
something like an elevated form of life
noget som en forhøjet livsform
something brighter in the midst of his dull life
noget lysere midt i hans kedelige liv
And after each big loss, his mind was set on new riches

Og efter hvert stort tab var hans sind indstillet på nye rigdomme
he pursued the trade more zealously
han drev handelen mere nidkært
he forced his debtors more strictly to pay
han tvang sine skyldnere strengere til at betale
because he wanted to continue gambling
fordi han ville fortsætte med at spille
he wanted to continue squandering
han ville fortsætte med at ødsle
he wanted to continue demonstrating his disdain of wealth
han ønskede at fortsætte med at demonstrere sin foragt for rigdom
Siddhartha lost his calmness when losses occurred
Siddhartha mistede sin ro, da der opstod tab
he lost his patience when he was not paid on time
han mistede tålmodigheden, da han ikke blev betalt til tiden
he lost his kindness towards beggars
han mistede sin venlighed mod tiggere
He gambled away tens of thousands at one roll of the dice
Han spillede titusindvis væk ved et terningkast
he became more strict and more petty in his business
han blev strengere og mere smålig i sin virksomhed
occasionally, he was dreaming at night about money!
indimellem drømte han om natten om penge!
whenever he woke up from this ugly spell, he continued fleeing
hver gang han vågnede af denne grimme besværgelse, fortsatte han med at flygte
whenever he found his face in the mirror to have aged, he found a new game
hver gang han fandt sit ansigt i spejlet for at være ældet, fandt han et nyt spil
whenever embarrassment and disgust came over him, he numbed his mind

hver gang forlegenhed og afsky kom over ham, bedøvede han sit sind
he numbed his mind with sex and wine
han bedøvede sit sind med sex og vin
and from there he fled back into the urge to pile up and obtain possessions
og derfra flygtede han tilbage i trangen til at hobe sig op og skaffe ejendele
In this pointless cycle he ran
I denne meningsløse cyklus løb han
from his life he grow tired, old, and ill
fra sit liv bliver han træt, gammel og syg

Then the time came when a dream warned him
Så kom tiden, hvor en drøm advarede ham
He had spent the hours of the evening with Kamala
Han havde tilbragt aftenens timer med Kamala
he had been in her beautiful pleasure-garden
han havde været i hendes smukke lysthave
They had been sitting under the trees, talking
De havde siddet under træerne og snakket
and Kamala had said thoughtful words
og Kamala havde sagt betænksomme ord
words behind which a sadness and tiredness lay hidden
ord, bag hvilke en sorg og træthed lå gemt
She had asked him to tell her about Gotama
Hun havde bedt ham fortælle hende om Gotama
she could not hear enough of him
hun kunne ikke høre nok til ham
she loved how clear his eyes were
hun elskede, hvor klare hans øjne var
she loved how still and beautiful his mouth was
hun elskede, hvor stille og smuk hans mund var
she loved the kindness of his smile
hun elskede hans smils venlighed
she loved how peaceful his walk had been

hun elskede, hvor fredfyldt hans gang havde været
For a long time, he had to tell her about the exalted Buddha
I lang tid måtte han fortælle hende om den ophøjede Buddha
and Kamala had sighed, and spoke
og Kamala havde sukket og talte
"One day, perhaps soon, I'll also follow that Buddha"
"En dag, måske snart, vil jeg også følge den Buddha"
"I'll give him my pleasure-garden for a gift"
"Jeg vil give ham min lysthave i gave"
"and I will take my refuge in his teachings"
"og jeg vil søge min tilflugt i hans lære"
But after this, she had aroused him
Men herefter havde hun vækket ham
she had tied him to her in the act of making love
hun havde bundet ham til sig i kraft af at elske
with painful fervour, biting and in tears
med smertefuld inderlighed, bidende og i tårer
it was as if she wanted to squeeze the last sweet drop out of this wine
det var som om hun ville presse den sidste søde dråbe ud af denne vin
Never before had it become so strangely clear to Siddhartha
Aldrig før var det blevet så mærkeligt klart for Siddhartha
he felt how close lust was akin to death
han mærkede, hvor tæt begær var døden beslægtet
he laid by her side, and Kamala's face was close to him
han lagde sig ved hendes side, og Kamalas ansigt var tæt på ham
under her eyes and next to the corners of her mouth
under hendes øjne og ved siden af hendes mundvige
it was as clear as never before
det var så tydeligt som aldrig før
there read a fearful inscription
der læste en frygtelig indskrift
an inscription of small lines and slight grooves
en inskription af små streger og små riller

an inscription reminiscent of autumn and old age
en indskrift, der minder om efterår og alderdom
here and there, gray hairs among his black ones
hist og her, grå hår blandt hans sorte
Siddhartha himself, who was only in his forties, noticed the same thing
Siddhartha selv, som kun var i fyrrerne, lagde mærke til det samme
Tiredness was written on Kamala's beautiful face
Træthed stod skrevet på Kamalas smukke ansigt
tiredness from walking a long path
træthed af at gå en lang vej
a path which has no happy destination
en sti, der ikke har nogen lykkelig destination
tiredness and the beginning of withering
træthed og begyndelsen på at visne
fear of old age, autumn, and having to die
frygt for alderdom, efterår og at skulle dø
With a sigh, he had bid his farewell to her
Med et suk havde han sagt farvel til hende
the soul full of reluctance, and full of concealed anxiety
sjælen fuld af modvilje og fuld af skjult angst

Siddhartha had spent the night in his house with dancing girls
Siddhartha havde tilbragt natten i sit hus med dansepiger
he acted as if he was superior to them
han opførte sig, som om han var dem overlegen
he acted superior towards the fellow-members of his caste
han optrådte overlegen over for sine medmedlemmer i sin kaste
but this was no longer true
men dette var ikke længere sandt
he had drunk much wine that night
han havde drukket meget vin den nat
and he went to bed a long time after midnight

og han gik i seng længe efter midnat
tired and yet excited, close to weeping and despair
træt og alligevel spændt, tæt på at græde og fortvivle
for a long time he sought to sleep, but it was in vain
længe søgte han at sove, men det var forgæves
his heart was full of misery
hans hjerte var fuldt af elendighed
he thought he could not bear any longer
han troede, at han ikke kunne holde ud mere
he was full of a disgust, which he felt penetrating his entire body
han var fuld af en afsky, som han følte trænge ind i hele hans krop
like the lukewarm repulsive taste of the wine
som vinens lune frastødende smag
the dull music was a little too happy
den kedelige musik var lidt for glad
the smile of the dancing girls was a little too soft
dansepigernes smil var lidt for blødt
the scent of their hair and breasts was a little too sweet
duften af deres hår og bryster var lidt for sød
But more than by anything else, he was disgusted by himself
Men mere end noget andet væmmedes han ved sig selv
he was disgusted by his perfumed hair
han væmmedes ved sit parfumerede hår
he was disgusted by the smell of wine from his mouth
han væmmedes ved lugten af vin fra munden
he was disgusted by the listlessness of his skin
han væmmedes ved sin huds sløvhed
Like when someone who has eaten and drunk far too much
Som når en der har spist og drukket alt for meget
they vomit it back up again with agonising pain
de kaster det op igen med pinefulde smerter
but they feel relieved by the vomiting
men de føler sig lettet af opkastningen

this sleepless man wished to free himself of these pleasures
denne søvnløse mand ønskede at befri sig for disse fornøjelser
he wanted to be rid of these habits
han ønskede at slippe af med disse vaner
he wanted to escape all of this pointless life
han ønskede at undslippe alt dette meningsløse liv
and he wanted to escape from himself
og han ønskede at flygte fra sig selv
it wasn't until the light of the morning when he had slightly fallen sleep
det var først ved morgenlyset, da han var faldet lidt i søvn
the first activities in the street were already beginning
de første aktiviteter på gaden var allerede begyndt
for a few moments he had found a hint of sleep
i nogle øjeblikke havde han fundet en antydning af søvn
In those moments, he had a dream
I de øjeblikke havde han en drøm
Kamala owned a small, rare singing bird in a golden cage
Kamala ejede en lille, sjælden syngende fugl i et gyldent bur
it always sung to him in the morning
den sang altid for ham om morgenen
but then he dreamt this bird had become mute
men så drømte han, at denne fugl var blevet stum
since this arose his attention, he stepped in front of the cage
da dette vakte hans opmærksomhed, trådte han foran buret
he looked at the bird inside the cage
han så på fuglen inde i buret
the small bird was dead, and lay stiff on the ground
den lille fugl var død, og lå stiv på jorden
He took the dead bird out of its cage
Han tog den døde fugl ud af sit bur
he took a moment to weigh the dead bird in his hand
han brugte et øjeblik på at veje den døde fugl i hånden
and then threw it away, out in the street
og så smed den væk, ud på gaden
in the same moment he felt terribly shocked

i samme øjeblik følte han sig frygtelig chokeret
his heart hurt as if he had thrown away all value
hans hjerte gjorde ondt, som om han havde smidt al værdi væk
everything good had been inside of this dead bird
alt godt havde været inde i denne døde fugl
Starting up from this dream, he felt encompassed by a deep sadness
Med udgangspunkt i denne drøm følte han sig omsluttet af en dyb sorg
everything seemed worthless to him
alt forekom ham værdiløst
worthless and pointless was the way he had been going through life
værdiløs og meningsløs var den måde, han havde gennemgået livet på
nothing which was alive was left in his hands
intet, der var i live, var tilbage i hans hænder
nothing which was in some way delicious could be kept
intet, der på en eller anden måde var lækkert, kunne holdes
nothing worth keeping would stay
intet værd at beholde ville blive
alone he stood there, empty like a castaway on the shore
alene stod han der, tom som en skibbrud på kysten

With a gloomy mind, Siddhartha went to his pleasure-garden
Med et dystert sind gik Siddhartha til sin lysthave
he locked the gate and sat down under a mango-tree
han låste porten og satte sig under et mangotræ
he felt death in his heart and horror in his chest
han mærkede døden i sit hjerte og rædsel i sit bryst
he sensed how everything died and withered in him
han fornemmede, hvordan alt døde og visnede i ham
By and by, he gathered his thoughts in his mind
Efterhånden samlede han sine tanker i sit sind

once again, he went through the entire path of his life
endnu en gang gik han igennem hele sit livs vej
he started with the first days he could remember
han startede med de første dage, han kunne huske
When was there ever a time when he had felt a true bliss?
Hvornår var der nogensinde et tidspunkt, hvor han havde følt en sand lyksalighed?
Oh yes, several times he had experienced such a thing
Åh ja, flere gange havde han oplevet sådan noget
In his years as a boy he had had a taste of bliss
I sine år som dreng havde han smagt lyksalighed
he had felt happiness in his heart when he obtained praise from the Brahmans
han havde følt lykke i sit hjerte, da han fik ros fra Brahmanerne
"There is a path in front of the one who has distinguished himself"
"Der er en vej foran den, der har udmærket sig"
he had felt bliss reciting the holy verses
han havde følt lyksalighed ved at fremsige de hellige vers
he had felt bliss disputing with the learned ones
han havde følt lyksalighed ved at skændes med de lærde
he had felt bliss when he was an assistant in the offerings
han havde følt lyksalighed, da han var assistent i ofringerne
Then, he had felt it in his heart
Så havde han mærket det i sit hjerte
"There is a path in front of you"
"Der er en sti foran dig"
"you are destined for this path"
"du er bestemt til denne vej"
"the gods are awaiting you"
"guderne venter på dig"
And again, as a young man, he had felt bliss
Og igen, som ung mand, havde han følt lyksalighed
when his thoughts separated him from those thinking on the same things

da hans tanker adskilte ham fra dem, der tænkte på de samme ting
when he wrestled in pain for the purpose of Brahman
da han kæmpede i smerte for Brahmans formål
when every obtained knowledge only kindled new thirst in him
når enhver opnået viden kun tændte ny tørst i ham
in the midst of the pain he felt this very same thing
midt i smerten følte han det samme
"Go on! You are called upon!"
"Fortsæt! Du bliver kaldt!"
He had heard this voice when he had left his home
Han havde hørt denne stemme, da han havde forladt sit hjem
he heard heard this voice when he had chosen the life of a Samana
han hørte hørt denne stemme, da han havde valgt livet som en Samana
and again he heard this voice when left the Samanas
og igen hørte han denne stemme, da han forlod Samanaerne
he had heard the voice when he went to see the perfected one
han havde hørt stemmen, da han gik for at se den fuldkomne
and when he had gone away from the perfected one, he had heard the voice
og da han var gået bort fra den fuldkomne, havde han hørt stemmen
he had heard the voice when he went into the uncertain
han havde hørt stemmen, da han gik ind i det uvisse
For how long had he not heard this voice anymore?
Hvor længe havde han ikke hørt denne stemme mere?
for how long had he reached no height anymore?
hvor længe havde han ikke nået nogen højde mere?
how even and dull was the manner in which he went through life?
hvor jævn og kedelig var den måde, hvorpå han gik gennem livet?

for many long years without a high goal
i mange lange år uden et højt mål
he had been without thirst or elevation
han havde været uden tørst eller ophøjelse
he had been content with small lustful pleasures
han havde nøjedes med små vellystne fornøjelser
and yet he was never satisfied!
og dog blev han aldrig tilfreds!
For all of these years he had tried hard to become like the others
I alle disse år havde han prøvet hårdt på at blive som de andre
he longed to be one of the childlike people
han længtes efter at være en af de barnlige mennesker
but he didn't know that that was what he really wanted
men han vidste ikke, at det var det, han virkelig ville
his life had been much more miserable and poorer than theirs
hans liv havde været meget mere elendigt og fattigere end deres
because their goals and worries were not his
fordi deres mål og bekymringer ikke var hans
the entire world of the Kamaswami-people had only been a game to him
hele Kamaswami-folkets verden havde kun været en leg for ham
their lives were a dance he would watch
deres liv var en dans, han ville se
they performed a comedy he could amuse himself with
de fremførte en komedie, han kunne more sig med
Only Kamala had been dear and valuable to him
Kun Kamala havde været kær og værdifuld for ham
but was she still valuable to him?
men var hun stadig værdifuld for ham?
Did he still need her?
Havde han stadig brug for hende?
Or did she still need him?

Eller havde hun stadig brug for ham?
Did they not play a game without an ending?
Spillede de ikke et spil uden en ende?
Was it necessary to live for this?
Var det nødvendigt at leve for dette?
No, it was not necessary!
Nej, det var ikke nødvendigt!
The name of this game was Sansara
Navnet på dette spil var Sansara
a game for children which was perhaps enjoyable to play once
et spil for børn, som måske var sjovt at spille en gang
maybe it could be played twice
måske kunne det spilles to gange
perhaps you could play it ten times
måske du kunne spille det ti gange
but should you play it for ever and ever?
men skal du spille det for evigt og altid?
Then, Siddhartha knew that the game was over
Så vidste Siddhartha, at spillet var slut
he knew that he could not play it any more
han vidste, at han ikke kunne spille det mere
Shivers ran over his body and inside of him
Rystelser løb over hans krop og inde i ham
he felt that something had died
han følte, at noget var dødt

That entire day, he sat under the mango-tree
Hele dagen sad han under mangotræet
he was thinking of his father
han tænkte på sin far
he was thinking of Govinda
han tænkte på Govinda
and he was thinking of Gotama
og han tænkte på Gotama
Did he have to leave them to become a Kamaswami?

Var han nødt til at forlade dem for at blive en Kamaswami?
He was still sitting there when the night had fallen
Han sad der endnu, da natten var faldet på
he caught sight of the stars, and thought to himself
han fik øje på stjernerne og tænkte ved sig selv
"Here I'm sitting under my mango-tree in my pleasure-garden"
"Her sidder jeg under mit mangotræ i min lysthave"
He smiled a little to himself
Han smilede lidt for sig selv
was it really necessary to own a garden?
var det virkelig nødvendigt at eje en have?
was it not a foolish game?
var det ikke et tåbeligt spil?
did he need to own a mango-tree?
skulle han eje et mangotræ?
He also put an end to this
Det satte han også en stopper for
this also died in him
dette døde også i ham
He rose and bid his farewell to the mango-tree
Han rejste sig og sagde farvel til mangotræet
he bid his farewell to the pleasure-garden
han sagde farvel til lysthaven
Since he had been without food this day, he felt strong hunger
Da han havde været uden mad denne dag, følte han en stærk sult
and he thought of his house in the city
og han tænkte på sit hus i byen
he thought of his chamber and bed
han tænkte på sit kammer og sin seng
he thought of the table with the meals on it
han tænkte på bordet med måltiderne på
He smiled tiredly, shook himself, and bid his farewell to these things

Han smilede træt, rystede i sig selv og sagde farvel til disse ting
In the same hour of the night, Siddhartha left his garden
I samme time om natten forlod Siddhartha sin have
he left the city and never came back
han forlod byen og kom aldrig tilbage

For a long time, Kamaswami had people look for him
I lang tid fik Kamaswami folk til at lede efter ham
they thought he had fallen into the hands of robbers
de troede, han var faldet i hænderne på røvere
Kamala had no one look for him
Kamala havde ingen, der ledte efter ham
she was not astonished by his disappearance
hun var ikke forbavset over hans forsvinden
Did she not always expect it?
Havde hun ikke altid forventet det?
Was he not a Samana?
Var han ikke en Samana?
a man who was at home nowhere, a pilgrim
en mand, der ingen steder var hjemme, en pilgrim
she had felt this the last time they had been together
det havde hun følt, sidste gang de havde været sammen
she was happy despite all the pain of the loss
hun var glad trods alt smerten ved tabet
she was happy she had been with him one last time
hun var glad for, at hun havde været sammen med ham en sidste gang
she was happy she had pulled him so affectionately to her heart
hun var glad for, at hun havde trukket ham så kærligt til sit hjerte
she was happy she had felt completely possessed and penetrated by him
hun var glad, hun havde følt sig fuldstændig besat og gennemtrængt af ham

When she received the news, she went to the window
Da hun modtog nyheden, gik hun hen til vinduet
at the window she held a rare singing bird
ved vinduet holdt hun en sjælden syngende fugl
the bird was held captive in a golden cage
fuglen blev holdt fanget i et gyldent bur
She opened the door of the cage
Hun åbnede døren til buret
she took the bird out and let it fly
hun tog fuglen ud og lod den flyve
For a long time, she gazed after it
I lang tid stirrede hun efter den
From this day on, she received no more visitors
Fra denne dag af fik hun ikke flere besøgende
and she kept her house locked
og hun holdt sit hus låst
But after some time, she became aware that she was pregnant
Men efter noget tid blev hun klar over, at hun var gravid
she was pregnant from the last time she was with Siddhartha
hun var gravid fra sidste gang hun var sammen med Siddhartha

By the River
Ved floden

Siddhartha walked through the forest
Siddhartha gik gennem skoven
he was already far from the city
han var allerede langt fra byen
and he knew nothing but one thing
og han vidste ikke andet end én ting
there was no going back for him
der var ingen vej tilbage for ham
the life that he had lived for many years was over
det liv, han havde levet i mange år, var forbi
he had tasted all of this life
han havde smagt hele dette liv
he had sucked everything out of this life
han havde suget alt ud af dette liv
until he was disgusted with it
indtil han væmmedes ved det
the singing bird he had dreamt of was dead
den syngende fugl, han havde drømt om, var død
and the bird in his heart was dead too
og fuglen i hans hjerte var også død
he had been deeply entangled in Sansara
han var blevet dybt viklet ind i Sansara
he had sucked up disgust and death into his body
han havde suget afsky og død ind i sin krop
like a sponge sucks up water until it is full
som en svamp suger vand til den er fuld
he was full of misery and death
han var fuld af elendighed og død
there was nothing left in this world which could have attracted him
der var intet tilbage i denne verden, som kunne have tiltrukket ham
nothing could have given him joy or comfort

intet kunne have givet ham glæde eller trøst
he passionately wished to know nothing about himself anymore
han ønskede lidenskabeligt ikke at vide noget om sig selv mere
he wanted to have rest and be dead
han ville have hvile og være død
he wished there was a lightning-bolt to strike him dead!
han ville ønske, at der var et lyn, der slog ham ihjel!
If there only was a tiger to devour him!
Hvis der bare var en tiger til at fortære ham!
If there only was a poisonous wine which would numb his senses
Hvis der bare var en giftig vin, som ville bedøve hans sanser
a wine which brought him forgetfulness and sleep
en vin, der bragte ham glemsomhed og søvn
a wine from which he wouldn't awake from
en vin, som han ikke ville vågne af
Was there still any kind of filth he had not soiled himself with?
Var der stadig nogen form for snavs, han ikke havde tilsmudset sig med?
was there a sin or foolish act he had not committed?
var der en synd eller tåbelig handling, han ikke havde begået?
was there a dreariness of the soul he didn't know?
var der en kedelig sjæl, han ikke kendte?
was there anything he had not brought upon himself?
var der noget, han ikke havde påført sig?
Was it still at all possible to be alive?
Var det overhovedet muligt at være i live?
Was it possible to breathe in again and again?
Var det muligt at trække vejret igen og igen?
Could he still breathe out?
Kunne han stadig trække vejret?
was he able to bear hunger?
var han i stand til at tåle sult?

was there any way to eat again?
var der nogen måde at spise igen?
was it possible to sleep again?
var det muligt at sove igen?
could he sleep with a woman again?
kunne han sove med en kvinde igen?
had this cycle not exhausted itself?
havde denne cyklus ikke udtømt sig selv?
were things not brought to their conclusion?
blev tingene ikke bragt til deres konklusion?

Siddhartha reached the large river in the forest
Siddhartha nåede den store flod i skoven
it was the same river he crossed when he had still been a young man
det var den samme flod, han krydsede, da han endnu havde været en ung mand
it was the same river he crossed from the town of Gotama
det var den samme flod han krydsede fra byen Gotama
he remembered a ferryman who had taken him over the river
han huskede en færgemand, der havde taget ham over floden
By this river he stopped, and hesitantly he stood at the bank
Ved denne flod standsede han, og tøvende stod han ved bredden
Tiredness and hunger had weakened him
Træthed og sult havde svækket ham
"what should I walk on for?"
"hvad skal jeg gå efter?"
"to what goal was there left to go?"
"hvilket mål var der tilbage at gå til?"
No, there were no more goals
Nej, der var ikke flere mål
there was nothing left but a painful yearning to shake off this dream

der var ikke andet tilbage end en smertefuld længsel efter at ryste denne drøm af sig
he yearned to spit out this stale wine
han længtes efter at spytte denne gamle vin ud
he wanted to put an end to this miserable and shameful life
han ville gøre en ende på dette elendige og skammelige liv
a coconut-tree bent over the bank of the river
et kokosnøddetræ bøjet over flodens bred
Siddhartha leaned against its trunk with his shoulder
Siddhartha lænede sig op ad dens kuffert med sin skulder
he embraced the trunk with one arm
han omfavnede stammen med den ene arm
and he looked down into the green water
og han så ned i det grønne vand
the water ran under him
vandet løb under ham
he looked down and found himself to be entirely filled with the wish to let go
han så ned og oplevede, at han var helt opfyldt af ønsket om at give slip
he wanted to drown in these waters
han ville drukne i disse farvande
the water reflected a frightening emptiness back at him
vandet reflekterede en skræmmende tomhed tilbage mod ham
the water answered to the terrible emptiness in his soul
vandet svarede på den frygtelige tomhed i hans sjæl
Yes, he had reached the end
Ja, han var nået til enden
There was nothing left for him, except to annihilate himself
Der var intet tilbage til ham, undtagen at udslette sig selv
he wanted to smash the failure into which he had shaped his life
han ville smadre den fiasko, som han havde formet sit liv til
he wanted to throw his life before the feet of mockingly laughing gods
han ville kaste sit liv for fødderne af hånligt grinende guder

This was the great vomiting he had longed for; death
Det var den store opkast, han havde længtes efter; død
the smashing to bits of the form he hated
det smadre i stykker af den form, han hadede
Let him be food for fishes and crocodiles
Lad ham være mad for fisk og krokodiller
Siddhartha the dog, a lunatic
Hunden Siddhartha, en galning
a depraved and rotten body; a weakened and abused soul!
en fordærvet og rådden krop; en svækket og misbrugt sjæl!
let him be chopped to bits by the daemons
lad ham blive hugget i stykker af dæmonerne
With a distorted face, he stared into the water
Med et forvrænget ansigt stirrede han ud i vandet
he saw the reflection of his face and spat at it
han så spejlingen af hans ansigt og spyttede på det
In deep tiredness, he took his arm away from the trunk of the tree
I dyb træthed tog han armen væk fra træstammen
he turned a bit, in order to let himself fall straight down
han vendte sig lidt for at lade sig falde lige ned
in order to finally drown in the river
for endelig at drukne i floden
With his eyes closed, he slipped towards death
Med lukkede øjne gled han mod døden
Then, out of remote areas of his soul, a sound stirred up
Så, ud af fjerne områder af hans sjæl, rørte en lyd sig op
a sound stirred up out of past times of his now weary life
en lyd ophidset fra tidligere tider i hans nu trætte liv
It was a singular word, a single syllable
Det var et enkelt ord, en enkelt stavelse
without thinking he spoke the voice to himself
uden at tænke han talte stemmen til sig selv
he slurred the beginning and the end of all prayers of the Brahmans

han slørede begyndelsen og slutningen af alle brahmanernes
bønner
he spoke the holy Om
han talte det hellige Om
"that what is perfect" or "the completion"
"det, der er perfekt" eller "afslutningen"
And in the moment he realized the foolishness of his actions
Og i øjeblikket indså han tåbeligheden i sine handlinger
the sound of Om touched Siddhartha's ear
lyden af Om rørte ved Siddharthas øre
his dormant spirit suddenly woke up
hans slumrende ånd vågnede pludselig
Siddhartha was deeply shocked
Siddhartha var dybt chokeret
he saw this was how things were with him
han så sådan var det med ham
he was so doomed that he had been able to seek death
han var så dømt, at han havde kunnet søge døden
he had lost his way so much that he wished the end
han havde forvildet sig så meget, at han ønskede enden
the wish of a child had been able to grow in him
et barns ønske havde kunnet vokse i ham
he had wished to find rest by annihilating his body!
han havde ønsket at finde hvile ved at udslette sit legeme!
all the agony of recent times
al den seneste tids kvaler
all sobering realizations that his life had created
alle nøgterne erkendelser, som hans liv havde skabt
all the desperation that he had felt
al den desperation, han havde følt
these things did not bring about this moment
disse ting skabte ikke dette øjeblik
when the Om entered his consciousness he became aware of himself
da Om kom ind i hans bevidsthed, blev han opmærksom på sig selv

he realized his misery and his error
han indså sin elendighed og sin fejltagelse
Om! he spoke to himself
Om! han talte til sig selv
Om! and again he knew about Brahman
Om! og igen kendte han til Brahman
Om! he knew about the indestructibility of life
Om! han vidste om livets uforgængelighed
Om! he knew about all that is divine, which he had forgotten
Om! han vidste om alt det guddommelige, som han havde glemt
But this was only a moment that flashed before him
Men dette var kun et øjeblik, der glimtede foran ham
By the foot of the coconut-tree, Siddhartha collapsed
Ved foden af kokosnøddetræet faldt Siddhartha sammen
he was struck down by tiredness
han blev ramt af træthed
mumbling "Om", he placed his head on the root of the tree
mumlende "Om", placerede han sit hoved på roden af træet
and he fell into a deep sleep
og han faldt i en dyb søvn
Deep was his sleep, and without dreams
Dyb var hans søvn, og uden drømme
for a long time he had not known such a sleep any more
i lang tid havde han ikke kendt sådan en søvn mere

When he woke up after many hours, he felt as if ten years had passed
Da han vågnede efter mange timer, følte han det, som om der var gået ti år
he heard the water quietly flowing
han hørte vandet stille og roligt strømme
he did not know where he was
han vidste ikke, hvor han var
and he did not know who had brought him here

og han vidste ikke, hvem der havde bragt ham hertil
he opened his eyes and looked with astonishment
han åbnede øjnene og så med forbavselse
there were trees and the sky above him
der var træer og himlen over ham
he remembered where he was and how he got here
han huskede, hvor han var, og hvordan han kom hertil
But it took him a long while for this
Men det tog ham lang tid for dette
the past seemed to him as if it had been covered by a veil
fortiden forekom ham, som om den var blevet dækket af et slør
infinitely distant, infinitely far away, infinitely meaningless
uendeligt fjernt, uendeligt langt væk, uendeligt meningsløst
He only knew that his previous life had been abandoned
Han vidste kun, at hans tidligere liv var blevet forladt
this past life seemed to him like a very old, previous incarnation
dette tidligere liv forekom ham som en meget gammel, tidligere inkarnation
this past life felt like a pre-birth of his present self
dette tidligere liv føltes som en præ-fødsel af hans nuværende jeg
full of disgust and wretchedness, he had intended to throw his life away
fuld af afsky og elendighed havde han tænkt sig at kaste sit liv væk
he had come to his senses by a river, under a coconut-tree
han var kommet til fornuft ved en flod, under et kokosnøddetræ
the holy word "Om" was on his lips
det hellige ord "Om" var på hans læber
he had fallen asleep and had now woken up
han var faldet i søvn og var nu vågnet
he was looking at the world as a new man
han så på verden som en ny mand

Quietly, he spoke the word "Om" to himself
Stille og roligt talte han ordet "Om" til sig selv
the "Om" he was speaking when he had fallen asleep
det "Om" han talte, da han var faldet i søvn
his sleep felt like nothing more than a long meditative recitation of "Om"
hans søvn føltes som intet andet end en lang meditativ recitation af "Om"
all his sleep had been a thinking of "Om"
al hans søvn havde været at tænke på "Om"
a submergence and complete entering into "Om"
en nedsænkning og fuldstændig indtræden i "Om"
a going into the perfected and completed
en gå ind i det fuldendte og fuldendte
What a wonderful sleep this had been!
Hvilken vidunderlig søvn dette havde været!
he had never before been so refreshed by sleep
han havde aldrig før været så forfrisket af søvnen
Perhaps, he really had died
Måske var han virkelig død
maybe he had drowned and was reborn in a new body?
måske var han druknet og blev genfødt i en ny krop?
But no, he knew himself and who he was
Men nej, han vidste sig selv og hvem han var
he knew his hands and his feet
han kendte sine hænder og sine fødder
he knew the place where he lay
han kendte stedet, hvor han lå
he knew this self in his chest
han kendte dette selv i sit bryst
Siddhartha the eccentric, the weird one
Siddhartha den excentriske, den mærkelige
but this Siddhartha was nevertheless transformed
men denne Siddhartha blev ikke desto mindre forvandlet
he was strangely well rested and awake
han var mærkelig veludhvilet og vågen

and he was joyful and curious
og han var glad og nysgerrig

Siddhartha straightened up and looked around
Siddhartha rettede sig op og så sig omkring
then he saw a person sitting opposite to him
så så han en person sidde overfor ham
a monk in a yellow robe with a shaven head
en munk i en gul kappe med et barberet hoved
he was sitting in the position of pondering
han sad i stilling til at gruble
He observed the man, who had neither hair on his head nor a beard
Han observerede manden, som hverken havde hår på hovedet eller skæg
he had not observed him for long when he recognised this monk
han havde ikke iagttaget ham længe, da han genkendte denne munk
it was Govinda, the friend of his youth
det var Govinda, hans ungdoms ven
Govinda, who had taken his refuge with the exalted Buddha
Govinda, som havde søgt tilflugt hos den ophøjede Buddha
Like Siddhartha, Govinda had also aged
Ligesom Siddhartha var Govinda også blevet ældre
but his face still bore the same features
men hans ansigt bar stadig de samme træk
his face still expressed zeal and faithfulness
hans ansigt udtrykte stadig iver og trofasthed
you could see he was still searching, but timidly
man kunne se, at han stadig søgte, men frygtsomt
Govinda sensed his gaze, opened his eyes, and looked at him
Govinda fornemmede hans blik, åbnede hans øjne og så på ham
Siddhartha saw that Govinda did not recognise him

Siddhartha så, at Govinda ikke genkendte ham
Govinda was happy to find him awake
Govinda var glad for at finde ham vågen
apparently, he had been sitting here for a long time
tilsyneladende havde han siddet her længe
he had been waiting for him to wake up
han havde ventet på, at han skulle vågne
he waited, although he did not know him
han ventede, skønt han ikke kendte ham
"I have been sleeping" said Siddhartha
"Jeg har sovet" sagde Siddhartha
"How did you get here?"
"Hvordan kom du hertil?"
"You have been sleeping" answered Govinda
"Du har sovet" svarede Govinda
"It is not good to be sleeping in such places"
"Det er ikke godt at sove sådanne steder"
"snakes and the animals of the forest have their paths here"
"slanger og skovens dyr har deres veje her"
"I, oh sir, am a follower of the exalted Gotama"
"Jeg, åh sir, er en tilhænger af den ophøjede Gotama"
"I was on a pilgrimage on this path"
"Jeg var på pilgrimsrejse på denne vej"
"I saw you lying and sleeping in a place where it is dangerous to sleep"
"Jeg så dig ligge og sove et sted, hvor det er farligt at sove"
"Therefore, I sought to wake you up"
"Derfor søgte jeg at vække dig"
"but I saw that your sleep was very deep"
"men jeg så, at din søvn var meget dyb"
"so I stayed behind from my group"
"så jeg blev tilbage fra min gruppe"
"and I sat with you until you woke up"
"og jeg sad hos dig, indtil du vågnede"
"And then, so it seems, I have fallen asleep myself"
"Og så, så det ser ud til, er jeg selv faldet i søvn"

"I, who wanted to guard your sleep, fell asleep"
"Jeg, der ville vogte din søvn, faldt i søvn"
"Badly, I have served you"
"Dårligt, jeg har tjent dig"
"tiredness had overwhelmed me"
"træthed havde overvældet mig"
"But since you're awake, let me go to catch up with my brothers"
"Men siden du er vågen, så lad mig gå for at indhente mine brødre"
"I thank you, Samana, for watching out over my sleep" spoke Siddhartha
"Jeg takker dig, Samana, for at passe på min søvn," sagde Siddhartha
"You're friendly, you followers of the exalted one"
"I er venlige, I tilhængere af den ophøjede"
"Now you may go to them"
"Nu kan du gå til dem"
"I'm going, sir. May you always be in good health"
"Jeg går, sir. Må du altid være ved godt helbred"
"I thank you, Samana"
"Jeg takker dig, Samana"
Govinda made the gesture of a salutation and said "Farewell"
Govinda lavede en gestus som en hilsen og sagde "farvel"
"Farewell, Govinda" said Siddhartha
"Farvel, Govinda" sagde Siddhartha
The monk stopped as if struck by lightning
Munken standsede, som om han blev ramt af et lyn
"Permit me to ask, sir, from where do you know my name?"
"Tillad mig at spørge, sir, hvor kender du mit navn fra?"
Siddhartha smiled, "I know you, oh Govinda, from your father's hut"
Siddhartha smilede, "Jeg kender dig, åh Govinda, fra din fars hytte"
"and I know you from the school of the Brahmans"

"og jeg kender dig fra Brahmanernes skole"
"and I know you from the offerings"
"og jeg kender dig fra ofringerne"
"and I know you from our walk to the Samanas"
"og jeg kender dig fra vores tur til Samanas"
"and I know you from when you took refuge with the exalted one"
"og jeg kender dig fra dengang du søgte tilflugt hos den ophøjede"
"You're Siddhartha," Govinda exclaimed loudly, "Now, I recognise you"
"Du er Siddhartha," udbrød Govinda højt, "Nu genkender jeg dig"
"I don't comprehend how I couldn't recognise you right away"
"Jeg forstår ikke, hvordan jeg ikke kunne genkende dig med det samme"
"Siddhartha, my joy is great to see you again"
"Siddhartha, min glæde er stor at se dig igen"
"It also gives me joy, to see you again" spoke Siddhartha
"Det giver mig også glæde at se dig igen" sagde Siddhartha
"You've been the guard of my sleep"
"Du har været min søvns vagt"
"again, I thank you for this"
"igen, jeg takker dig for dette"
"but I wouldn't have required any guard"
"men jeg ville ikke have krævet nogen vagt"
"Where are you going to, oh friend?"
"Hvor skal du hen, åh ven?"
"I'm going nowhere," answered Govinda
"Jeg går ingen steder," svarede Govinda
"We monks are always travelling"
"Vi munke rejser altid"
"whenever it is not the rainy season, we move from one place to another"
"når det ikke er regntiden, flytter vi fra et sted til et andet"

"we live according to the rules of the teachings passed on to us"
"vi lever efter reglerne i den lære, der er videregivet til os"
"we accept alms, and then we move on"
"vi tager imod almisser, og så går vi videre"
"It is always like this"
"Sådan er det altid"
"But you, Siddhartha, where are you going to?"
"Men du, Siddhartha, hvor skal du hen?"
"for me it is as it is with you"
"for mig er det som det er med dig"
"I'm going nowhere; I'm just travelling"
"Jeg går ingen steder, jeg rejser bare"
"I'm also on a pilgrimage"
"Jeg er også på pilgrimsrejse"
Govinda spoke "You say you're on a pilgrimage, and I believe you"
Govinda sagde "Du siger, du er på pilgrimsrejse, og jeg tror på dig"
"But, forgive me, oh Siddhartha, you do not look like a pilgrim"
"Men tilgiv mig, åh Siddhartha, du ligner ikke en pilgrim"
"You're wearing a rich man's garments"
"Du har en rig mands klæder på"
"you're wearing the shoes of a distinguished gentleman"
"du har en fremtrædende herres sko på"
"and your hair, with the fragrance of perfume, is not a pilgrim's hair"
"og dit hår, med duften af parfume, er ikke et pilgrimshår"
"you do not have the hair of a Samana"
"du har ikke håret som en Samana"
"you are right, my dear"
"du har ret, min kære"
"you have observed things well"
"du har observeret tingene godt"
"your keen eyes see everything"

"dine skarpe øjne ser alt"
"But I haven't said to you that I was a Samana"
"Men jeg har ikke sagt til dig, at jeg var en Samana"
"I said I'm on a pilgrimage"
"Jeg sagde, jeg er på pilgrimsrejse"
"And so it is, I'm on a pilgrimage"
"Og sådan er det, jeg er på pilgrimsrejse"
"You're on a pilgrimage" said Govinda
"Du er på pilgrimsrejse" sagde Govinda
"But few would go on a pilgrimage in such clothes"
"Men de færreste ville tage på pilgrimsrejse i sådanne klæder"
"few would pilger in such shoes"
"få ville piller i sådanne sko"
"and few pilgrims have such hair"
"og få pilgrimme har sådan et hår"
"I have never met such a pilgrim"
"Jeg har aldrig mødt sådan en pilgrim"
"and I have been a pilgrim for many years"
"og jeg har været pilgrim i mange år"
"I believe you, my dear Govinda"
"Jeg tror dig, min kære Govinda"
"But now, today, you've met a pilgrim just like this"
"Men nu, i dag, har du mødt en pilgrim som denne"
"a pilgrim wearing these kinds of shoes and garment"
"en pilgrim iført denne slags sko og tøj"
"Remember, my dear, the world of appearances is not eternal"
"Husk, min kære, verden af udseende er ikke evig"
"our shoes and garments are anything but eternal"
"vores sko og tøj er alt andet end evige"
"our hair and bodies are not eternal either"
"vores hår og kroppe er heller ikke evige"
I'm wearing a rich man's clothes"
Jeg har en rig mands tøj på"
"you've seen this quite right"
"du har set det rigtigt"

"I'm wearing them, because I have been a rich man"
"Jeg har dem på, fordi jeg har været en rig mand"
"and I'm wearing my hair like the worldly and lustful people"
"og jeg har mit hår på som de verdslige og lystne mennesker"
"because I have been one of them"
"fordi jeg har været en af dem"
"And what are you now, Siddhartha?" Govinda asked
"Og hvad er du nu, Siddhartha?" spurgte Govinda
"I don't know it, just like you"
"Jeg ved det ikke, ligesom dig"
"I was a rich man, and now I am not a rich man anymore"
"Jeg var en rig mand, og nu er jeg ikke en rig mand mere"
"and what I'll be tomorrow, I don't know"
"og hvad jeg skal være i morgen, ved jeg ikke"
"You've lost your riches?" asked Govinda
"Har du mistet dine rigdomme?" spurgte Govinda
"I've lost my riches, or they have lost me"
"Jeg har mistet min rigdom, eller de har mistet mig"
"My riches somehow happened to slip away from me"
"Mine rigdomme gled på en eller anden måde væk fra mig"
"The wheel of physical manifestations is turning quickly, Govinda"
"Hjulet af fysiske manifestationer drejer hurtigt, Govinda"
"Where is Siddhartha the Brahman?"
"Hvor er Brahman Siddhartha?"
"Where is Siddhartha the Samana?"
"Hvor er Samana Siddhartha?"
"Where is Siddhartha the rich man?"
"Hvor er Siddhartha den rige mand?"
"Non-eternal things change quickly, Govinda, you know it"
"Ikke-evige ting ændrer sig hurtigt, Govinda, du ved det"
Govinda looked at the friend of his youth for a long time
Govinda så på sin ungdoms ven i lang tid
he looked at him with doubt in his eyes
han så på ham med tvivl i øjnene

After that, he gave him the salutation which one would use on a gentleman
Derefter gav han ham den hilsen, som man ville bruge på en herre
and he went on his way, and continued his pilgrimage
og han gik sin vej og fortsatte sin pilgrimsfærd
With a smiling face, Siddhartha watched him leave
Med et smilende ansigt så Siddhartha ham gå
he loved him still, this faithful, fearful man
han elskede ham stadig, denne trofaste, frygtsomme Mand
how could he not have loved everybody and everything in this moment?
hvordan kunne han ikke have elsket alle og alt i dette øjeblik?
in the glorious hour after his wonderful sleep, filled with Om!
i den herlige time efter hans vidunderlige søvn, fyldt med Om!
The enchantment, which had happened inside of him in his sleep
Fortryllelsen, som var sket inde i ham i søvne
this enchantment was everything that he loved
denne fortryllelse var alt, hvad han elskede
he was full of joyful love for everything he saw
han var fuld af glædelig kærlighed til alt, hvad han så
exactly this had been his sickness before
netop dette havde været hans sygdom før
he had not been able to love anybody or anything
han havde ikke været i stand til at elske nogen eller noget
With a smiling face, Siddhartha watched the leaving monk
Med et smilende ansigt iagttog Siddhartha den forladte munk

The sleep had strengthened him a lot
Søvnen havde styrket ham meget
but hunger gave him great pain
men sult gav ham stor smerte
by now he had not eaten for two days
nu havde han ikke spist i to dage

the times were long past when he could resist such hunger
de tider var for længst forbi, da han kunne modstå en sådan sult
With sadness, and yet also with a smile, he thought of that time
Med sorg, og dog også med et smil, tænkte han på dengang
In those days, so he remembered, he had boasted of three things to Kamala
I de dage, så han huskede, havde han pralet af tre ting til Kamala
he had been able to do three noble and undefeatable feats
han havde været i stand til at udføre tre ædle og uovervindelige bedrifter
he was able to fast, wait, and think
han var i stand til at faste, vente og tænke
These had been his possessions; his power and strength
Det havde været hans ejendele; hans magt og styrke
in the busy, laborious years of his youth, he had learned these three feats
i de travle, møjsommelige år af sin ungdom havde han lært disse tre bedrifter
And now, his feats had abandoned him
Og nu havde hans bedrifter forladt ham
none of his feats were his any more
ingen af hans bedrifter var hans mere
neither fasting, nor waiting, nor thinking
hverken faster, venter eller tænker
he had given them up for the most wretched things
han havde opgivet dem for de elendigste ting
what is it that fades most quickly?
hvad er det der falmer hurtigst?
sensual lust, the good life, and riches!
sanselig lyst, det gode liv og rigdom!
His life had indeed been strange
Hans liv havde virkelig været mærkeligt

And now, so it seemed, he had really become a childlike person
Og nu, så det så ud, var han virkelig blevet et barnligt menneske
Siddhartha thought about his situation
Siddhartha tænkte over sin situation
Thinking was hard for him now
At tænke var svært for ham nu
he did not really feel like thinking
han havde ikke rigtig lyst til at tænke
but he forced himself to think
men han tvang sig selv til at tænke
"all these most easily perishing things have slipped from me"
"alle disse lettest fortabende ting er smuttet fra mig"
"again, now I'm standing here under the sun"
"igen, nu står jeg her under solen"
"I am standing here just like a little child"
"Jeg står her som et lille barn"
"nothing is mine, I have no abilities"
"intet er mit, jeg har ingen evner"
"there is nothing I could bring about"
"der er ikke noget, jeg kunne bringe"
"I have learned nothing from my life"
"Jeg har intet lært af mit liv"
"How wondrous all of this is!"
"Hvor er alt dette vidunderligt!"
"it's wondrous that I'm no longer young"
"det er underligt, at jeg ikke længere er ung"
"my hair is already half gray and my strength is fading"
"mit hår er allerede halvgråt og min styrke falmer"
"and now I'm starting again at the beginning, as a child!"
"og nu begynder jeg igen i begyndelsen, som barn!"
Again, he had to smile to himself
Igen måtte han smile for sig selv
Yes, his fate had been strange!

Ja, hans skæbne havde været mærkelig!
Things were going downhill with him
Tingene gik ned ad bakke med ham
and now he was again facing the world naked and stupid
og nu stod han igen nøgen og dum overfor verden
But he could not feel sad about this
Men han kunne ikke være ked af det
no, he even felt a great urge to laugh
nej, han følte endda en stor trang til at grine
he felt an urge to laugh about himself
han følte en trang til at le af sig selv
he felt an urge to laugh about this strange, foolish world
han følte en trang til at le af denne mærkelige, tåbelige verden
"Things are going downhill with you!" he said to himself
"Det går ned ad bakke med dig!" sagde han til sig selv
and he laughed about his situation
og han grinede af sin situation
as he was saying it he happened to glance at the river
mens han sagde det, så han tilfældigvis et blik på floden
and he also saw the river going downhill
og han så også floden gå ned ad bakke
it was singing and being happy about everything
det var at synge og være glad for alting
He liked this, and kindly he smiled at the river
Det kunne han godt lide, og venligt smilede han til floden
Was this not the river in which he had intended to drown himself?
Var det ikke den flod, han havde tænkt sig at drukne sig i?
in past times, a hundred years ago
i tidligere tider, for hundrede år siden
or had he dreamed this?
eller havde han drømt dette?
"Wondrous indeed was my life" he thought
"Virkelig underligt var mit liv" tænkte han
"my life has taken wondrous detours"
"mit liv har taget vidunderlige omveje"

"As a boy, I only dealt with gods and offerings"
"Som dreng beskæftigede jeg mig kun med guder og offergaver"
"As a youth, I only dealt with asceticism"
"Som ung beskæftigede jeg mig kun med askese"
"I spent my time in thinking and meditation"
"Jeg brugte min tid på tænkning og meditation"
"I was searching for Brahman
"Jeg ledte efter Brahman
"and I worshipped the eternal in the Atman"
"og jeg tilbad det evige i Atman"
"But as a young man, I followed the penitents"
"Men som ung fulgte jeg de angrende"
"I lived in the forest and suffered heat and frost"
"Jeg boede i skoven og led af varme og frost"
"there I learned how to overcome hunger"
"der lærte jeg at overvinde sult"
"and I taught my body to become dead"
"og jeg lærte min krop at blive død"
"Wonderfully, soon afterwards, insight came towards me"
"Vidunderligt, kort efter kom indsigten til mig"
"insight in the form of the great Buddha's teachings"
"indsigt i form af den store Buddhas lære"
"I felt the knowledge of the oneness of the world"
"Jeg følte viden om verdens enhed"
"I felt it circling in me like my own blood"
"Jeg følte det cirkulerede i mig som mit eget blod"
"But I also had to leave Buddha and the great knowledge"
"Men jeg måtte også forlade Buddha og den store viden"
"I went and learned the art of love with Kamala"
"Jeg gik og lærte kærlighedens kunst med Kamala"
"I learned trading and business with Kamaswami"
"Jeg lærte handel og forretning med Kamaswami"
"I piled up money, and wasted it again"
"Jeg samlede penge op og spildte dem igen"
"I learned to love my stomach and please my senses"

"Jeg lærte at elske min mave og glæde mine sanser"
"I had to spend many years losing my spirit"
"Jeg måtte bruge mange år på at miste mit humør"
"and I had to unlearn thinking again"
"og jeg måtte lære af at tænke igen"
"there I had forgotten the oneness"
"der havde jeg glemt enhed"
"Isn't it just as if I had turned slowly from a man into a child"?
"Er det ikke bare, som om jeg langsomt var forvandlet fra en mand til et barn"?
"from a thinker into a childlike person"
"fra en tænker til en barnlig person"
"And yet, this path has been very good"
"Og alligevel har denne vej været meget god"
"and yet, the bird in my chest has not died"
"og alligevel er fuglen i mit bryst ikke død"
"what a path has this been!"
"hvilken vej har det været!"
"I had to pass through so much stupidity"
"Jeg måtte igennem så meget dumhed"
"I had to pass through so much vice"
"Jeg skulle igennem så meget last"
"I had to make so many errors"
"Jeg var nødt til at lave så mange fejl"
"I had to feel so much disgust and disappointment"
"Jeg måtte føle så meget afsky og skuffelse"
"I had to do all this to become a child again"
"Jeg var nødt til at gøre alt dette for at blive barn igen"
"and then I could start over again"
"og så kunne jeg starte forfra"
"But it was the right way to do it"
"Men det var den rigtige måde at gøre det på"
"my heart says yes to it and my eyes smile to it"
"mit hjerte siger ja til det og mine øjne smiler til det"
"I've had to experience despair"

"Jeg har måttet opleve fortvivlelse"
"I've had to sink down to the most foolish of all thoughts"
"Jeg har været nødt til at synke ned til de mest tåbelige af alle tanker"
"I've had to think to the thoughts of suicide"
"Jeg har måttet tænke på tankerne om selvmord"
"only then would I be able to experience divine grace"
"først da ville jeg være i stand til at opleve guddommelig nåde"
"only then could I hear Om again"
"først da kunne jeg høre Om igen"
"only then would I be able to sleep properly and awake again"
"først da ville jeg være i stand til at sove ordentligt og vågne igen"
"I had to become a fool, to find Atman in me again"
"Jeg var nødt til at blive et fjols for at finde Atman i mig igen"
"I had to sin, to be able to live again"
"Jeg var nødt til at synde, for at kunne leve igen"
"Where else might my path lead me to?"
"Hvor kan min vej ellers føre mig hen?"
"It is foolish, this path, it moves in loops"
"Det er tåbeligt, denne vej, den bevæger sig i løkker"
"perhaps it is going around in a circle"
"måske går den rundt i en cirkel"
"Let this path go where it likes"
"Lad denne vej gå, hvor den vil"
"where ever this path goes, I want to follow it"
"hvor end denne vej går, vil jeg følge den"
he felt joy rolling like waves in his chest
han følte glæden rulle som bølger i hans bryst
he asked his heart, "from where did you get this happiness?"
spurgte han sit Hjerte, "hvor har du denne Lykke fra?"
"does it perhaps come from that long, good sleep?"
"kommer det måske af den lange, gode søvn?"
"the sleep which has done me so much good"

"søvnen som har gjort mig så meget godt"
"or does it come from the word Om, which I said?"
"eller kommer det fra ordet Om, som jeg sagde?"
"Or does it come from the fact that I have escaped?"
"Eller kommer det af, at jeg er flygtet?"
"does this happiness come from standing like a child under the sky?"
"kommer denne lykke af at stå som et barn under himlen?"
"Oh how good is it to have fled"
"Åh, hvor er det godt at være flygtet"
"it is great to have become free!"
"det er dejligt at være blevet fri!"
"How clean and beautiful the air here is"
"Hvor er luften her ren og smuk"
"the air is good to breath"
"luften er god at trække vejret"
"where I ran away from everything smelled of ointments"
"hvor jeg løb væk fra alt lugtede af salver"
"spices, wine, excess, sloth"
"krydderier, vin, overskud, dovendyr"
"How I hated this world of the rich"
"Hvor jeg hadede denne verden af de rige"
"I hated those who revel in fine food and the gamblers!"
"Jeg hadede dem, der svælger i god mad, og spillerne!"
"I hated myself for staying in this terrible world for so long!
"Jeg hadede mig selv for at blive i denne forfærdelige verden så længe!
"I have deprived, poisoned, and tortured myself"
"Jeg har frataget, forgiftet og tortureret mig selv"
"I have made myself old and evil!"
"Jeg har gjort mig selv gammel og ond!"
"No, I will never again do the things I liked doing so much"
"Nej, jeg vil aldrig igen gøre de ting, jeg kunne lide at gøre så meget"
"I won't delude myself into thinking that Siddhartha was wise!"

"Jeg vil ikke narre mig selv til at tro, at Siddhartha var klog!"
"But this one thing I have done well"
"Men denne ene ting har jeg gjort godt"
"this I like, this I must praise"
"det kan jeg lide, det må jeg rose"
"I like that there is now an end to that hatred against myself"
"Jeg kan godt lide, at der nu er en ende på det had mod mig selv"
"there is an end to that foolish and dreary life!"
"der er en ende på det tåbelige og triste liv!"
"I praise you, Siddhartha, after so many years of foolishness"
"Jeg priser dig, Siddhartha, efter så mange års tåbelighed"
"you have once again had an idea"
"du har igen fået en idé"
"you have heard the bird in your chest singing"
"du har hørt fuglen i dit bryst synge"
"and you followed the song of the bird!"
"og du fulgte fuglens sang!"
with these thoughts he praised himself
med disse tanker roste han sig selv
he had found joy in himself again
han havde fundet glæden i sig selv igen
he listened curiously to his stomach rumbling with hunger
han lyttede nysgerrigt til hans mave, der rumlede af sult
he had tasted and spat out a piece of suffering and misery
han havde smagt og spyttet et stykke lidelse og elendighed ud
in these recent times and days, this is how he felt
i disse seneste tider og dage, sådan havde han det
he had devoured it up to the point of desperation and death
han havde fortæret det indtil desperation og død
how everything had happened was good
hvordan alt var sket, var godt
he could have stayed with Kamaswami for much longer
han kunne være blevet hos Kamaswami meget længere
he could have made more money, and then wasted it
han kunne have tjent flere penge og så spildt dem

he could have filled his stomach and let his soul die of thirst
han kunne have fyldt sin mave og ladet sin sjæl dø af tørst
he could have lived in this soft upholstered hell much longer
han kunne have levet i dette bløde polstrede helvede meget længere
if this had not happened, he would have continued this life
hvis dette ikke var sket, ville han have fortsat dette liv
the moment of complete hopelessness and despair
øjeblikket med fuldstændig håbløshed og fortvivlelse
the most extreme moment when he hung over the rushing waters
det mest ekstreme øjeblik, hvor han hang over det brusende vand
the moment he was ready to destroy himself
det øjeblik, han var klar til at ødelægge sig selv
the moment he had felt this despair and deep disgust
i det øjeblik, han havde følt denne fortvivlelse og dybe afsky
he had not succumbed to it
han var ikke bukket under for det
the bird was still alive after all
fuglen var trods alt stadig i live
this was why he felt joy and laughed
det var derfor, han følte glæde og lo
this was why his face was smiling brightly under his hair
det var derfor hans ansigt smilede lyst under hans hår
his hair which had now turned gray
hans hår, der nu var blevet gråt
"It is good," he thought, "to get a taste of everything for oneself"
"Det er godt," tænkte han, "at få en smagsprøve på alt for sig selv"
"everything which one needs to know"
"alt hvad man behøver at vide"
"lust for the world and riches do not belong to the good things"

"lyst til verden og rigdom hører ikke til de gode ting"
"I have already learned this as a child"
"Jeg har allerede lært det som barn"
"I have known it for a long time"
"Jeg har vidst det længe"
"but I hadn't experienced it until now"
"men jeg havde ikke oplevet det før nu"
"And now that I I've experienced it I know it"
"Og nu hvor jeg har oplevet det, ved jeg det"
"I don't just know it in my memory, but in my eyes, heart, and stomach"
"Jeg kender det ikke kun i min hukommelse, men i mine øjne, hjerte og mave"
"it is good for me to know this!"
"det er godt for mig at vide det!"

For a long time, he pondered his transformation
I lang tid overvejede han sin forvandling
he listened to the bird, as it sang for joy
han lyttede til fuglen, mens den sang af glæde
Had this bird not died in him?
Havde denne fugl ikke døde i ham?
had he not felt this bird's death?
havde han ikke følt denne fugls død?
No, something else from within him had died
Nej, noget andet inde fra ham var død
something which yearned to die had died
noget, der længtes efter at dø, var dødt
Was it not this that he used to intend to kill?
Var det ikke det, han havde til hensigt at dræbe?
Was it not his his small, frightened, and proud self that had died?
Var det ikke hans lille, bange og stolte jeg, der var død?
he had wrestled with his self for so many years
han havde kæmpet med sig selv i så mange år
the self which had defeated him again and again

det jeg, der havde besejret ham igen og igen
the self which was back again after every killing
jeget som var tilbage igen efter hvert drab
the self which prohibited joy and felt fear?
selvet, der forbød glæde og følte frygt?
Was it not this self which today had finally come to its death?
Var det ikke dette jeg, som i dag endelig var kommet til sin død?
here in the forest, by this lovely river
her i skoven, ved denne dejlige flod
Was it not due to this death, that he was now like a child?
Var det ikke på grund af dette dødsfald, at han nu var som et barn?
so full of trust and joy, without fear
så fuld af tillid og glæde, uden frygt
Now Siddhartha also got some idea of why he had fought this self in vain
Nu fik Siddhartha også en idé om, hvorfor han forgæves havde bekæmpet dette selv
he knew why he couldn't fight his self as a Brahman
han vidste, hvorfor han ikke kunne bekæmpe sig selv som Brahman
Too much knowledge had held him back
For meget viden havde holdt ham tilbage
too many holy verses, sacrificial rules, and self-castigation
for mange hellige vers, opofrelsesregler og selvforkastelse
all these things held him back
alle disse ting holdt ham tilbage
so much doing and striving for that goal!
så meget at gøre og stræbe efter det mål!
he had been full of arrogance
han havde været fuld af arrogance
he was always the smartest
han var altid den klogeste
he was always working the most

han arbejdede altid mest
he had always been one step ahead of all others
han havde altid været et skridt foran alle andre
he was always the knowing and spiritual one
han var altid den vidende og åndelige
he was always considered the priest or wise one
han blev altid betragtet som præsten eller den kloge
his self had retreated into being a priest, arrogance, and spirituality
hans selv havde trukket sig tilbage til at være præst, arrogance og spiritualitet
there it sat firmly and grew all this time
der sad den fast og voksede al denne Tid
and he had thought he could kill it by fasting
og han havde troet, at han kunne dræbe den ved at faste
Now he saw his life as it had become
Nu så han sit liv, som det var blevet
he saw that the secret voice had been right
han så, at den hemmelige stemme havde haft ret
no teacher would ever have been able to bring about his salvation
ingen lærer ville nogensinde have været i stand til at opnå sin frelse
Therefore, he had to go out into the world
Derfor måtte han ud i verden
he had to lose himself to lust and power
han måtte tabe sig til lyst og magt
he had to lose himself to women and money
han måtte tabe sig til kvinder og penge
he had to become a merchant, a dice-gambler, a drinker
han måtte blive købmand, terningspiller, drikker
and he had to become a greedy person
og han måtte blive en grådig person
he had to do this until the priest and Samana in him was dead

han måtte gøre dette, indtil præsten og Samana i ham var døde
Therefore, he had to continue bearing these ugly years
Derfor måtte han fortsætte med at bære disse grimme år
he had to bear the disgust and the teachings
han måtte bære væmmelsen og læren
he had to bear the pointlessness of a dreary and wasted life
han måtte bære meningsløsheden i et trist og spildt liv
he had to conclude it up to its bitter end
han måtte afslutte det til den bitre ende
he had to do this until Siddhartha the lustful could also die
han var nødt til at gøre dette, indtil Siddhartha den lystne også kunne dø
He had died and a new Siddhartha had woken up from the sleep
Han var død, og en ny Siddhartha var vågnet op af søvnen
this new Siddhartha would also grow old
denne nye Siddhartha ville også blive gammel
he would also have to die eventually
han skulle også dø til sidst
Siddhartha was still mortal, as is every physical form
Siddhartha var stadig dødelig, ligesom enhver fysisk form
But today he was young and a child and full of joy
Men i dag var han ung og barn og fuld af glæde
He thought these thoughts to himself
Han tænkte disse tanker for sig selv
he listened with a smile to his stomach
han lyttede med et smil på maven
he listened gratefully to a buzzing bee
han lyttede taknemmeligt til en summende bi
Cheerfully, he looked into the rushing river
Muntert kiggede han ind i den brusende flod
he had never before liked a water as much as this one
han havde aldrig før holdt så meget af et vand som dette
he had never before perceived the voice so stronger
han havde aldrig før opfattet stemmen så stærkere

he had never understood the parable of the moving water so strongly
han havde aldrig forstået lignelsen om det bevægende vand så stærkt
he had never before noticed how beautifully the river moved
han havde aldrig før bemærket, hvor smukt floden bevægede sig
It seemed to him, as if the river had something special to tell him
Det forekom ham, som om floden havde noget særligt at fortælle ham
something he did not know yet, which was still awaiting him
noget han endnu ikke vidste, som stadig ventede ham
In this river, Siddhartha had intended to drown himself
I denne flod havde Siddhartha tænkt sig at drukne sig selv
in this river the old, tired, desperate Siddhartha had drowned today
i denne flod var den gamle, trætte, desperate Siddhartha druknet i dag
But the new Siddhartha felt a deep love for this rushing water
Men den nye Siddhartha følte en dyb kærlighed til dette brusende vand
and he decided for himself, not to leave it very soon
og han besluttede for sig selv ikke at forlade det meget snart

The Ferryman
Færgemanden

"By this river I want to stay," thought Siddhartha
"Ved denne flod vil jeg blive," tænkte Siddhartha
"it is the same river which I have crossed a long time ago"
"det er den samme flod, som jeg har krydset for længe siden"
"I was on my way to the childlike people"
"Jeg var på vej til de barnlige mennesker"
"a friendly ferryman had guided me across the river"
"en venlig færgemand havde guidet mig over floden"
"he is the one I want to go to"
"han er den jeg vil gå til"
"starting out from his hut, my path led me to a new life"
"Startende fra hans hytte førte min vej mig til et nyt liv"
"a path which had grown old and is now dead"
"en sti, der var blevet gammel og nu er død"
"my present path shall also take its start there!"
"min nuværende vej skal også tage sin start der!"
Tenderly, he looked into the rushing water
Blødt kiggede han ud i det brusende vand
he looked into the transparent green lines the water drew
han så ind i de gennemsigtige grønne streger, vandet tegnede
the crystal lines of water were rich in secrets
vandets krystallinjer var rige på hemmeligheder
he saw bright pearls rising from the deep
han så lyse perler stige op fra dybet
quiet bubbles of air floating on the reflecting surface
stille luftbobler flyder på den reflekterende overflade
the blue of the sky depicted in the bubbles
himlens blå afbildet i boblerne
the river looked at him with a thousand eyes
floden så på ham med tusind øjne
the river had green eyes and white eyes
floden havde grønne øjne og hvide øjne
the river had crystal eyes and sky-blue eyes

floden havde krystaløjne og himmelblå øjne
he loved this water very much, it delighted him
han elskede dette vand meget, det glædede ham
he was grateful to the water
han var taknemmelig for vandet
In his heart he heard the voice talking
I sit hjerte hørte han stemmen tale
"Love this water! Stay near it!"
"Elsker dette vand! Bliv i nærheden af det!"
"Learn from the water!" his voice commanded him
"Lær af vandet!" hans stemme befalede ham
Oh yes, he wanted to learn from it
Åh ja, han ville lære af det
he wanted to listen to the water
han ville lytte til vandet
He who would understand this water's secrets
Han, der ville forstå dette vands hemmeligheder
he would also understand many other things
han ville også forstå mange andre ting
this is how it seemed to him
sådan forekom det ham
But out of all secrets of the river, today he only saw one
Men ud af alle flodens hemmeligheder så han i dag kun én
this secret touched his soul
denne hemmelighed rørte hans sjæl
this water ran and ran, incessantly
dette vand løb og løb, uophørligt
the water ran, but nevertheless it was always there
vandet løb, men ikke desto mindre var det der altid
the water always, at all times, was the same
vandet var altid, til alle tider, det samme
and at the same time it was new in every moment
og samtidig var det nyt i hvert øjeblik
he who could grasp this would be great
den, der kunne fatte dette, ville være stor
but he didn't understand or grasp it

men han forstod eller fattede det ikke
he only felt some idea of it stirring
han følte kun en idé om, at det rørte på sig
it was like a distant memory, a divine voices
det var som et fjernt minde, en guddommelig stemmer

Siddhartha rose as the workings of hunger in his body became unbearable
Siddhartha rejste sig, da sultens funktion i hans krop blev uudholdelig
In a daze he walked further away from the city
Forvirret gik han længere væk fra byen
he walked up the river along the path by the bank
han gik op ad floden ad stien ved bredden
he listened to the current of the water
han lyttede til vandets strøm
he listened to the rumbling hunger in his body
han lyttede til den buldrende sult i hans krop
When he reached the ferry, the boat was just arriving
Da han nåede færgen, var båden lige ved at ankomme
the same ferryman who had once transported the young Samana across the river
den samme færgemand, som engang havde transporteret den unge Samana over floden
he stood in the boat and Siddhartha recognised him
han stod i båden og Siddhartha genkendte ham
he had also aged very much
han var også blevet meget gammel
the ferryman was astonished to see such an elegant man walking on foot
færgemanden var forbavset over at se sådan en elegant mand gå til fods
"Would you like to ferry me over?" he asked
"Vil du køre mig over?" spurgte han
he took him into his boat and pushed it off the bank
han tog ham ind i sin båd og skubbede den af bredden

"It's a beautiful life you have chosen for yourself" the passenger spoke
"Det er et smukt liv, du har valgt for dig selv" sagde passageren
"It must be beautiful to live by this water every day"
"Det skal være smukt at bo ved dette vand hver dag"
"and it must be beautiful to cruise on it on the river"
"og det skal være smukt at sejle på den på floden"
With a smile, the man at the oar moved from side to side
Med et smil bevægede manden ved åren sig fra side til side
"It is as beautiful as you say, sir"
"Det er så smukt, som du siger, sir"
"But isn't every life and all work beautiful?"
"Men er hvert liv og alt arbejde ikke smukt?"
"This may be true" replied Siddhartha
"Dette kan være sandt" svarede Siddhartha
"But I envy you for your life"
"Men jeg misunder dig for dit liv"
"Ah, you would soon stop enjoying it"
"Åh, du ville snart holde op med at nyde det"
"This is no work for people wearing fine clothes"
"Dette er ikke noget arbejde for folk, der bærer fint tøj"
Siddhartha laughed at the observation
Siddhartha lo af observationen
"Once before, I have been looked upon today because of my clothes"
"En gang før er jeg blevet set på i dag på grund af mit tøj"
"I have been looked upon with distrust"
"Jeg er blevet set på med mistillid"
"they are a nuisance to me"
"de er til gene for mig"
"Wouldn't you, ferryman, like to accept these clothes"
"Vil du ikke, færgemand, tage imod dette tøj"
"because you must know, I have no money to pay your fare"
"fordi du skal vide, jeg har ingen penge til at betale din billetpris"

"You're joking, sir," the ferryman laughed
"Du laver sjov, sir," lo færgemanden
"I'm not joking, friend"
"Jeg laver ikke sjov, ven"
"once before you have ferried me across this water in your boat"
"en gang før har du færget mig over dette vand i din båd"
"you did it for the immaterial reward of a good deed"
"du gjorde det for den immaterielle belønning af en god gerning"
"ferry me across the river and accept my clothes for it"
"færge mig over floden og tag imod mit tøj for det"
"And do you, sir, intent to continue travelling without clothes?"
"Og har De, hr., til hensigt at fortsætte med at rejse uden tøj?"
"Ah, most of all I wouldn't want to continue travelling at all"
"Ah, mest af alt vil jeg slet ikke fortsætte med at rejse"
"I would rather you gave me an old loincloth"
"Jeg ville hellere have, at du gav mig et gammelt lændeklæde"
"I would like it if you kept me with you as your assistant"
"Jeg ville gerne have, hvis du beholdt mig hos dig som din assistent"
"or rather, I would like if you accepted me as your trainee"
"eller rettere, jeg ville gerne have, hvis du accepterede mig som din praktikant"
"because first I'll have to learn how to handle the boat"
"fordi jeg først skal lære at håndtere båden"
For a long time, the ferryman looked at the stranger
I lang tid så færgemanden på den fremmede
he was searching in his memory for this strange man
han søgte i sin hukommelse efter denne mærkelige mand
"Now I recognise you," he finally said
"Nu genkender jeg dig," sagde han endelig
"At one time, you've slept in my hut"
"På et tidspunkt har du sovet i min hytte"
"this was a long time ago, possibly more than twenty years"

"det er længe siden, muligvis mere end tyve år"
"and you've been ferried across the river by me"
"og du er blevet færget over floden af mig"
"that day we parted like good friends"
"den dag skiltes vi som gode venner"
"Haven't you been a Samana?"
"Har du ikke været en Samana?"
"I can't think of your name anymore"
"Jeg kan ikke komme i tanke om dit navn mere"
"My name is Siddhartha, and I was a Samana"
"Mit navn er Siddhartha, og jeg var en Samana"
"I had still been a Samana when you last saw me"
"Jeg havde stadig været en Samana, da du sidst så mig"
"So be welcome, Siddhartha. My name is Vasudeva"
"Så vær velkommen, Siddhartha. Mit navn er Vasudeva"
"You will, so I hope, be my guest today as well"
"Du vil, så jeg håber, også være min gæst i dag"
"and you may sleep in my hut"
"og du må sove i min hytte"
"and you may tell me, where you're coming from"
"og du kan fortælle mig, hvor du kommer fra"
"and you may tell me why these beautiful clothes are such a nuisance to you"
"og du kan fortælle mig, hvorfor dette smukke tøj er så til gene for dig"
They had reached the middle of the river
De var nået til midten af floden
Vasudeva pushed the oar with more strength
Vasudeva skubbede åren med mere styrke
in order to overcome the current
for at overvinde strømmen
He worked calmly, with brawny arms
Han arbejdede roligt med magre arme
his eyes were fixed in on the front of the boat
hans øjne var rettet mod bådens forende
Siddhartha sat and watched him

Siddhartha sad og så på ham
he remembered his time as a Samana
han huskede sin tid som Samana
he remembered how love for this man had stirred in his heart
han huskede, hvordan kærligheden til denne mand havde rørt sig i hans hjerte
Gratefully, he accepted Vasudeva's invitation
Taknemmeligt tog han imod Vasudevas invitation
When they had reached the bank, he helped him to tie the boat to the stakes
Da de var nået til bredden, hjalp han ham med at binde båden til pælene
after this, the ferryman asked him to enter the hut
herefter bad færgemanden ham gå ind i hytten
he offered him bread and water, and Siddhartha ate with eager pleasure
han tilbød ham brød og vand, og Siddhartha spiste med ivrig fornøjelse
and he also ate with eager pleasure of the mango fruits Vasudeva offered him
og han spiste også med ivrig fornøjelse af mangofrugterne Vasudeva tilbød ham

Afterwards, it was almost the time of the sunset
Bagefter var det næsten solnedgangens tid
they sat on a log by the bank
de sad på en bjælke ved banken
Siddhartha told the ferryman about where he originally came from
Siddhartha fortalte færgemanden om, hvor han oprindeligt kom fra
he told him about his life as he had seen it today
han fortalte ham om sit liv, som han havde set det i dag
the way he had seen it in that hour of despair
sådan som han havde set det i den fortvivlelses time

the tale of his life lasted late into the night
hans livs fortælling varede langt ud på natten
Vasudeva listened with great attention
Vasudeva lyttede med stor opmærksomhed
Listening carefully, he let everything enter his mind
Han lyttede godt efter og lod alt komme ind i hans sind
birthplace and childhood, all that learning
fødested og barndom, al den læring
all that searching, all joy, all distress
al den søgen, al glæde, al nød
This was one of the greatest virtues of the ferryman
Dette var en af færgemandens største dyder
like only a few, he knew how to listen
som kun få, vidste han, hvordan han skulle lytte
he did not have to speak a word
han behøvede ikke at sige et ord
but the speaker sensed how Vasudeva let his words enter his mind
men taleren fornemmede, hvordan Vasudeva lod sine ord komme ind i hans sind
his mind was quiet, open, and waiting
hans sind var stille, åbent og afventende
he did not lose a single word
han tabte ikke et eneste ord
he did not await a single word with impatience
han ventede ikke et eneste ord med utålmodighed
he did not add his praise or rebuke
han tilføjede ikke sin ros eller irettesættelse
he was just listening, and nothing else
han lyttede bare, og intet andet
Siddhartha felt what a happy fortune it is to confess to such a listener
Siddhartha følte, hvilken lykkelig lykke det er at bekende over for sådan en lytter
he felt fortunate to bury in his heart his own life
han følte sig heldig at begrave sit eget liv i sit hjerte

he buried his own search and suffering
han begravede sin egen søgen og lidelse
he told the tale of Siddhartha's life
han fortalte historien om Siddharthas liv
when he spoke of the tree by the river
da han talte om træet ved floden
when he spoke of his deep fall
da han talte om sit dybe fald
when he spoke of the holy Om
da han talte om det hellige Om
when he spoke of how he had felt such a love for the river
da han talte om, hvordan han havde følt en sådan kærlighed til floden
the ferryman listened to these things with twice as much attention
færgemanden lyttede til disse ting med dobbelt så meget opmærksomhed
he was entirely and completely absorbed by it
han var helt og fuldstændig opslugt af det
he was listening with his eyes closed
han lyttede med lukkede øjne
when Siddhartha fell silent a long silence occurred
da Siddhartha tav opstod en lang stilhed
then Vasudeva spoke "It is as I thought"
så sagde Vasudeva "Det er som jeg troede"
"The river has spoken to you"
"Floden har talt til dig"
"the river is your friend as well"
"floden er også din ven"
"the river speaks to you as well"
"floden taler også til dig"
"That is good, that is very good"
"Det er godt, det er meget godt"
"Stay with me, Siddhartha, my friend"
"Bliv hos mig, Siddhartha, min ven"
"I used to have a wife"

"Jeg plejede at have en kone"
"her bed was next to mine"
"hendes seng var ved siden af min"
"but she has died a long time ago"
"men hun er død for længe siden"
"for a long time, I have lived alone"
"I lang tid har jeg boet alene"
"Now, you shall live with me"
"Nu skal du bo hos mig"
"there is enough space and food for both of us"
"der er plads og mad nok til os begge"
"I thank you," said Siddhartha
"Jeg takker dig," sagde Siddhartha
"I thank you and accept"
"Jeg takker og tager imod"
"And I also thank you for this, Vasudeva"
"Og jeg takker dig også for dette, Vasudeva"
"I thank you for listening to me so well"
"Tak fordi du lyttede så godt til mig"
"people who know how to listen are rare"
"Folk, der ved, hvordan man lytter, er sjældne"
"I have not met a single person who knew it as well as you do"
"Jeg har ikke mødt en eneste person, der vidste det så godt som dig"
"I will also learn in this respect from you"
"Jeg vil også lære af dig i denne henseende"
"You will learn it," spoke Vasudeva
"Du vil lære det," sagde Vasudeva
"but you will not learn it from me"
"men du lærer det ikke af mig"
"The river has taught me to listen"
"Floden har lært mig at lytte"
"you will learn to listen from the river as well"
"du vil også lære at lytte fra floden"
"It knows everything, the river"

"Den ved alt, floden"
"everything can be learned from the river"
"alt kan læres af floden"
"See, you've already learned this from the water too"
"Se, det har du også allerede lært af vandet"
"you have learned that it is good to strive downwards"
"du har lært, at det er godt at stræbe nedad"
"you have learned to sink and to seek depth"
"du har lært at synke og at søge dybde"
"The rich and elegant Siddhartha is becoming an oarsman's servant"
"Den rige og elegante Siddhartha er ved at blive en roerstjener"
"the learned Brahman Siddhartha becomes a ferryman"
"den lærde Brahman Siddhartha bliver en færgemand"
"this has also been told to you by the river"
"det er også blevet fortalt dig ved floden"
"You'll learn the other thing from it as well"
"Du lærer også noget andet af det"
Siddhartha spoke after a long pause
Siddhartha talte efter en lang pause
"What other things will I learn, Vasudeva?"
"Hvilke andre ting vil jeg lære, Vasudeva?"
Vasudeva rose. "It is late," he said
Vasudeva steg. "Det er sent," sagde han
and Vasudeva proposed going to sleep
og Vasudeva foreslog at gå i seng
"I can't tell you that other thing, oh friend"
"Jeg kan ikke fortælle dig den anden ting, åh ven"
"You'll learn the other thing, or perhaps you know it already"
"Du lærer det andet, eller måske ved du det allerede"
"See, I'm no learned man"
"Se, jeg er ingen lærd mand"
"I have no special skill in speaking"
"Jeg har ingen særlig evne til at tale"

"I also have no special skill in thinking"
"Jeg har heller ingen særlig evne til at tænke"
"All I'm able to do is to listen and to be godly"
"Alt jeg kan gøre er at lytte og være gudfrygtig"
"I have learned nothing else"
"Jeg har ikke lært andet"
"If I was able to say and teach it, I might be a wise man"
"Hvis jeg var i stand til at sige og lære det, ville jeg måske være en klog mand"
"but like this I am only a ferryman"
"men sådan er jeg kun en færgemand"
"and it is my task to ferry people across the river"
"og det er min opgave at færge folk over floden"
"I have transported many thousands of people"
"Jeg har transporteret mange tusinde mennesker"
"and to all of them, my river has been nothing but an obstacle"
"og for dem alle har min flod ikke været andet end en hindring"
"it was something that got in the way of their travels"
"det var noget, der kom i vejen for deres rejser"
"they travelled to seek money and business"
"de rejste for at søge penge og forretninger"
"they travelled for weddings and pilgrimages"
"de rejste til bryllupper og pilgrimsrejser"
"and the river was obstructing their path"
"og floden blokerede deres vej"
"the ferryman's job was to get them quickly across that obstacle"
"færgemandens opgave var at få dem hurtigt over den forhindring"
"But for some among thousands, a few, the river has stopped being an obstacle"
"Men for nogle blandt tusinder, nogle få, er floden holdt op med at være en hindring"
"they have heard its voice and they have listened to it"

"de har hørt dens stemme og de har lyttet til den"
"and the river has become sacred to them"
"og floden er blevet hellig for dem"
"it become sacred to them as it has become sacred to me"
"det er blevet helligt for dem, som det er blevet helligt for mig"
"for now, let us rest, Siddhartha"
"for nu, lad os hvile, Siddhartha"

Siddhartha stayed with the ferryman and learned to operate the boat
Siddhartha blev hos færgemanden og lærte at betjene båden
when there was nothing to do at the ferry, he worked with Vasudeva in the rice-field
da der ikke var noget at lave på færgen, arbejdede han sammen med Vasudeva i rismarken
he gathered wood and plucked the fruit off the banana-trees
han samlede træ og plukkede frugten af banantræerne
He learned to build an oar and how to mend the boat
Han lærte at bygge en åre og hvordan man reparerer båden
he learned how to weave baskets and repaid the hut
han lærte at flette kurve og betalte hytten tilbage
and he was joyful because of everything he learned
og han var glad på grund af alt, hvad han lærte
the days and months passed quickly
dagene og måneder gik hurtigt
But more than Vasudeva could teach him, he was taught by the river
Men mere end Vasudeva kunne lære ham, blev han undervist af floden
Incessantly, he learned from the river
Uophørligt lærte han af floden
Most of all, he learned to listen
Mest af alt lærte han at lytte
he learned to pay close attention with a quiet heart
han lærte at være opmærksom med et stille hjerte
he learned to keep a waiting, open soul

han lærte at holde en afventende, åben sjæl
he learned to listen without passion
han lærte at lytte uden lidenskab
he learned to listen without a wish
han lærte at lytte uden et ønske
he learned to listen without judgement
han lærte at lytte uden at dømme
he learned to listen without an opinion
han lærte at lytte uden en mening

In a friendly manner, he lived side by side with Vasudeva
På en venlig måde levede han side om side med Vasudeva
occasionally they exchanged some words
af og til udvekslede de nogle ord
then, at length, they thought about the words
så tænkte de længe over ordene
Vasudeva was no friend of words
Vasudeva var ingen ven af ord
Siddhartha rarely succeeded in persuading him to speak
Siddhartha lykkedes sjældent med at overtale ham til at tale
"did you too learn that secret from the river?"
"har du også lært den hemmelighed fra floden?"
"the secret that there is no time?"
"hemmeligheden om, at der ikke er tid?"
Vasudeva's face was filled with a bright smile
Vasudevas ansigt var fyldt med et lyst smil
"Yes, Siddhartha," he spoke
"Ja, Siddhartha," sagde han
"I learned that the river is everywhere at once"
"Jeg lærte, at floden er overalt på én gang"
"it is at the source and at the mouth of the river"
"det er ved kilden og ved mundingen af floden"
"it is at the waterfall and at the ferry"
"det er ved vandfaldet og ved færgen"
"it is at the rapids and in the sea"
"det er ved strømfaldene og i havet"

"it is in the mountains and everywhere at once"
"det er i bjergene og overalt på én gang"
"and I learned that there is only the present time for the river"
"og jeg lærte, at der kun er nutiden for floden"
"it does not have the shadow of the past"
"det har ikke fortidens skygge"
"and it does not have the shadow of the future"
"og det har ikke fremtidens skygge"
"is this what you mean?" he asked
"er det det du mener?" spurgte han
"This is what I meant," said Siddhartha
"Det er hvad jeg mente," sagde Siddhartha
"And when I had learned it, I looked at my life"
"Og da jeg havde lært det, så jeg på mit liv"
"and my life was also a river"
"og mit liv var også en flod"
"the boy Siddhartha was only separated from the man Siddhartha by a shadow"
"Drengen Siddhartha var kun adskilt fra manden Siddhartha af en skygge"
"and a shadow separated the man Siddhartha from the old man Siddhartha"
"og en skygge adskilte manden Siddhartha fra den gamle mand Siddhartha"
"things are separated by a shadow, not by something real"
"ting er adskilt af en skygge, ikke af noget virkeligt"
"Also, Siddhartha's previous births were not in the past"
"Siddharthas tidligere fødsler var heller ikke i fortiden"
"and his death and his return to Brahma is not in the future"
"og hans død og hans tilbagevenden til Brahma er ikke i fremtiden"
"nothing was, nothing will be, but everything is"
"intet var, intet vil være, men alt er"
"everything has existence and is present"
"alt har eksistens og er til stede"

Siddhartha spoke with ecstasy
Siddhartha talte i ekstase
this enlightenment had delighted him deeply
denne oplysning havde glædet ham dybt
"was not all suffering time?"
"var ikke alle lidelsestid?"
"were not all forms of tormenting oneself a form of time?"
"var ikke alle former for at plage sig selv en form for tid?"
"was not everything hard and hostile because of time?"
"var ikke alt hårdt og fjendtligt på grund af tiden?"
"is not everything evil overcome when one overcomes time?"
"er alt det onde ikke overvundet, når man overvinder tiden?"
"as soon as time leaves the mind, does suffering leave too?"
"så snart tiden forlader sindet, forlader lidelsen så også?"
Siddhartha had spoken in ecstatic delight
Siddhartha havde talt i ekstatisk glæde
but Vasudeva smiled at him brightly and nodded in confirmation
men Vasudeva smilede lyst til ham og nikkede bekræftende
silently he nodded and brushed his hand over Siddhartha's shoulder
lydløst nikkede han og strøg sin hånd over Siddharthas skulder
and then he turned back to his work
og så vendte han tilbage til sit arbejde

And Siddhartha asked Vasudeva again another time
Og Siddhartha spurgte Vasudeva igen en anden gang
the river had just increased its flow in the rainy season
floden havde netop øget sit flow i regntiden
and it made a powerful noise
og det lavede en kraftig lyd
"Isn't it so, oh friend, the river has many voices?"
"Er det ikke sådan, åh ven, floden har mange stemmer?"
"Hasn't it the voice of a king and of a warrior?"
"Er det ikke en konges og en krigers stemme?"

"Hasn't it the voice of of a bull and of a bird of the night?"
"Er det ikke en stemme fra en tyr og en fugl om natten?"
"Hasn't it the voice of a woman giving birth and of a sighing man?"
"Er det ikke stemmen fra en fødende kvinde og en sukkende mand?"
"and does it not also have a thousand other voices?"
"og har den ikke også tusind andre stemmer?"
"it is as you say it is," Vasudeva nodded
"det er, som du siger, det er," nikkede Vasudeva
"all voices of the creatures are in its voice"
"alle skabningers stemmer er i deres stemme"
"And do you know..." Siddhartha continued
"Og ved du..." fortsatte Siddhartha
"what word does it speak when you succeed in hearing all of voices at once?"
"hvilket ord taler det, når det lykkes dig at høre alle stemmer på én gang?"
Happily, Vasudeva's face was smiling
Lykkelig smilede Vasudevas ansigt
he bent over to Siddhartha and spoke the holy Om into his ear
han bøjede sig over til Siddhartha og talte det hellige Om ind i hans øre
And this had been the very thing which Siddhartha had also been hearing
Og dette havde været netop det, som Siddhartha også havde hørt

time after time, his smile became more similar to the ferryman's
gang på gang blev hans smil mere lig færgemandens
his smile became almost just as bright as the ferryman's
hans smil blev næsten lige så lyst som færgemandens
it was almost just as thoroughly glowing with bliss
det var næsten lige så grundigt glødende af lyksalighed

shining out of thousand small wrinkles
skinner ud af tusinde små rynker
just like the smile of a child
ligesom et barns smil
just like the smile of an old man
ligesom en gammel mands smil
Many travellers, seeing the two ferrymen, thought they were brothers
Mange rejsende troede, da de så de to færgemænd, at de var brødre
Often, they sat in the evening together by the bank
Ofte sad de om aftenen sammen ved banken
they said nothing and both listened to the water
de sagde ingenting og lyttede begge til vandet
the water, which was not water to them
vandet, som ikke var vand for dem
it wasn't water, but the voice of life
det var ikke vand, men livets stemme
the voice of what exists and what is eternally taking shape
stemmen om, hvad der eksisterer, og hvad der evigt tager form
it happened from time to time that both thought of the same thing
det skete fra tid til anden, at begge tænkte på det samme
they thought of a conversation from the day before
de tænkte på en samtale fra dagen før
they thought of one of their travellers
de tænkte på en af deres rejsende
they thought of death and their childhood
de tænkte på døden og deres barndom
they heard the river tell them the same thing
de hørte floden fortælle dem det samme
both delighted about the same answer to the same question
begge glædede sig over det samme svar på det samme spørgsmål

There was something about the two ferrymen which was transmitted to others
Der var noget ved de to færgemænd, som blev overført til andre
it was something which many of the travellers felt
det var noget, som mange af de rejsende følte
travellers would occasionally look at the faces of the ferrymen
rejsende så af og til på færgemændenes ansigter
and then they told the story of their life
og så fortalte de deres livs historie
they confessed all sorts of evil things
de bekendte alle mulige onde ting
and they asked for comfort and advice
og de bad om trøst og råd
occasionally someone asked for permission to stay for a night
nogle gange spurgte nogen om tilladelse til at blive en nat
they also wanted to listen to the river
de ville også lytte til floden
It also happened that curious people came
Det skete også, at der kom nysgerrige
they had been told that there were two wise men
de havde fået at vide, at der var to vise mænd
or they had been told there were two sorcerers
eller de havde fået at vide, at der var to troldmænd
The curious people asked many questions
De nysgerrige stillede mange spørgsmål
but they got no answers to their questions
men de fik ingen svar på deres spørgsmål
they found neither sorcerers nor wise men
de fandt hverken troldmænd eller vise mænd
they only found two friendly little old men, who seemed to be mute
de fandt kun to venlige små gamle mænd, som syntes at være stumme

they seemed to have become a bit strange in the forest by themselves
de så ud til at være blevet lidt mærkelige i skoven af sig selv
And the curious people laughed about what they had heard
Og de nysgerrige grinede af det, de havde hørt
they said common people were foolishly spreading empty rumours
de sagde, at almindelige mennesker tåbeligt spredte tomme rygter

The years passed by, and nobody counted them
Årene gik, og ingen talte dem
Then, at one time, monks came by on a pilgrimage
Så på et tidspunkt kom munke forbi på en pilgrimsrejse
they were followers of Gotama, the Buddha
de var tilhængere af Gotama, Buddha
they asked to be ferried across the river
de bad om at blive færget over floden
they told them they were in a hurry to get back to their wise teacher
de fortalte dem, at de havde travlt med at komme tilbage til deres kloge lærer
news had spread the exalted one was deadly sick
nyheden havde spredt den ophøjede var dødeligt syg
he would soon die his last human death
han ville snart dø sin sidste menneskedød
in order to become one with the salvation
for at blive ét med frelsen
It was not long until a new flock of monks came
Der gik ikke længe før en ny flok munke kom
they were also on their pilgrimage
de var også på deres pilgrimsrejse
most of the travellers spoke of nothing other than Gotama
de fleste af de rejsende talte ikke om andet end Gotama
his impending death was all they thought about
hans forestående død var alt, de tænkte på

if there had been war, just as many would travel
hvis der havde været krig, ville lige så mange rejse
just as many would come to the coronation of a king
lige så mange ville komme til kroning af en konge
they gathered like ants in droves
de samlede sig som myrer i hobetal
they flocked, like being drawn onwards by a magic spell
de flokkedes, som at blive trukket frem af en magisk besværgelse
they went to where the great Buddha was awaiting his death
de gik derhen, hvor den store Buddha ventede på sin død
the perfected one of an era was to become one with the glory
det fuldkomne af en æra var at blive ét med herligheden
Often, Siddhartha thought in those days of the dying wise man
Ofte tænkte Siddhartha i de dage på den døende vise mand
the great teacher whose voice had admonished nations
den store lærer, hvis stemme havde formanet nationerne
the one who had awoken hundreds of thousands
den, der havde vækket hundredtusinder
a man whose voice he had also once heard
en mand, hvis stemme han også engang havde hørt
a teacher whose holy face he had also once seen with respect
en lærer, hvis hellige ansigt han også engang havde set med respekt
Kindly, he thought of him
Venligt, tænkte han på ham
he saw his path to perfection before his eyes
han så sin vej til fuldkommenhed for sine øjne
and he remembered with a smile those words he had said to him
og han huskede med et smil de ord, han havde sagt til ham
when he was a young man and spoke to the exalted one
da han var en ung mand og talte til den ophøjede
They had been, so it seemed to him, proud and precious words

De havde været, så det forekom ham, stolte og dyrebare ord
with a smile, he remembered the the words
med et smil huskede han ordene
he knew that there was nothing standing between Gotama and him any more
han vidste, at der ikke længere var noget mellem Gotama og ham
he had known this for a long time already
det havde han vidst længe allerede
though he was still unable to accept his teachings
selvom han stadig ikke var i stand til at acceptere hans lære
there was no teaching a truly searching person
der var ingen undervisning til en virkelig søgende person
someone who truly wanted to find, could accept
nogen, der virkelig ønskede at finde, kunne acceptere
But he who had found the answer could approve of any teaching
Men den, der havde fundet svaret, kunne godkende enhver undervisning
every path, every goal, they were all the same
hver vej, hvert mål, de var alle ens
there was nothing standing between him and all the other thousands any more
der var intet mellem ham og alle de andre tusinder mere
the thousands who lived in that what is eternal
de tusinder, der levede i det, der er evigt
the thousands who breathed what is divine
de tusinder, der åndede det guddommelige

On one of these days, Kamala also went to him
På en af disse dage gik Kamala også til ham
she used to be the most beautiful of the courtesans
hun plejede at være den smukkeste af kurtisanerne
A long time ago, she had retired from her previous life
For lang tid siden havde hun trukket sig tilbage fra sit tidligere liv

she had given her garden to the monks of Gotama as a gift
hun havde givet sin have til munkene i Gotama som gave
she had taken her refuge in the teachings
hun havde søgt tilflugt i læren
she was among the friends and benefactors of the pilgrims
hun var blandt pilgrimmenes venner og velgørere
she was together with Siddhartha, the boy
hun var sammen med Siddhartha, drengen
Siddhartha the boy was her son
Drengen Siddhartha var hendes søn
she had gone on her way due to the news of the near death of Gotama
hun var gået sin vej på grund af nyheden om Gotamas nære død
she was in simple clothes and on foot
hun var i enkelt tøj og til fods
and she was With her little son
og hun var sammen med sin lille søn
she was travelling by the river
hun rejste ved floden
but the boy had soon grown tired
men drengen var snart blevet træt
he desired to go back home
han ønskede at vende hjem
he desired to rest and eat
han ønskede at hvile og spise
he became disobedient and started whining
han blev ulydig og begyndte at klynke
Kamala often had to take a rest with him
Kamala måtte ofte tage et hvil med ham
he was accustomed to getting what he wanted
han var vant til at få, hvad han ville
she had to feed him and comfort him
hun måtte give ham mad og trøste ham
she had to scold him for his behaviour
hun måtte skælde ham ud for hans opførsel

He did not comprehend why he had to go on this exhausting pilgrimage
Han forstod ikke, hvorfor han skulle på denne udmattende pilgrimsrejse
he did not know why he had to go to an unknown place
han vidste ikke, hvorfor han skulle hen til et ukendt sted
he did know why he had to see a holy dying stranger
han vidste, hvorfor han skulle se en hellig døende fremmed
"So what if he died?" he complained
"Så hvad hvis han døde?" klagede han
why should this concern him?
hvorfor skulle det bekymre ham?
The pilgrims were getting close to Vasudeva's ferry
Pilgrimmene var ved at komme tæt på Vasudevas færge
little Siddhartha once again forced his mother to rest
lille Siddhartha tvang endnu en gang sin mor til at hvile sig
Kamala had also become tired
Kamala var også blevet træt
while the boy was chewing a banana, she crouched down on the ground
mens drengen tyggede en banan, krøb hun sig ned på jorden
she closed her eyes a bit and rested
hun lukkede øjnene lidt og hvilede sig
But suddenly, she uttered a wailing scream
Men pludselig udstødte hun et hylende skrig
the boy looked at her in fear
drengen så frygtsomt på hende
he saw her face had grown pale from horror
han så hendes ansigt var blevet bleg af rædsel
and from under her dress, a small, black snake fled
og under hendes kjole flygtede en lille, sort slange
a snake by which Kamala had been bitten
en slange, som Kamala var blevet bidt af
Hurriedly, they both ran along the path, to reach people
I hast løb de begge ad stien for at nå folk
they got near to the ferry and Kamala collapsed

de kom tæt på færgen og Kamala kollapsede
she was not able to go any further
hun var ikke i stand til at komme længere
the boy started crying miserably
drengen begyndte at græde elendigt
his cries were only interrupted when he kissed his mother
hans råb blev først afbrudt, da han kyssede sin mor
she also joined his loud screams for help
hun sluttede sig også til hans høje skrig om hjælp
she screamed until the sound reached Vasudeva's ears
skreg hun, indtil lyden nåede Vasudevas ører
Vasudeva quickly came and took the woman on his arms
Vasudeva kom hurtigt og tog kvinden på sine arme
he carried her into the boat and the boy ran along
han bar hende ind i båden og drengen løb med
soon they reached the hut, where Siddhartha stood by the stove
snart nåede de hytten, hvor Siddhartha stod ved komfuret
he was just lighting the fire
han tændte lige op
He looked up and first saw the boy's face
Han så op og så først drengens ansigt
it wondrously reminded him of something
det mindede ham forunderligt om noget
like a warning to remember something he had forgotten
som en advarsel om at huske noget, han havde glemt
Then he saw Kamala, whom he instantly recognised
Så så han Kamala, som han genkendte med det samme
she lay unconscious in the ferryman's arms
hun lå bevidstløs i færgemandens arme
now he knew that it was his own son
nu vidste han, at det var hans egen søn
his son whose face had been such a warning reminder to him
hans søn, hvis ansigt havde været sådan en advarende påmindelse for ham

and the heart stirred in his chest
og hjertet rørte i hans bryst
Kamala's wound was washed, but had already turned black
Kamalas sår var vasket, men var allerede blevet sort
and her body was swollen
og hendes krop var hævet
she was made to drink a healing potion
hun blev tvunget til at drikke en helbredende drik
Her consciousness returned and she lay on Siddhartha's bed
Hendes bevidsthed vendte tilbage, og hun lå på Siddharthas seng
Siddhartha stood over Kamala, who he used to love so much
Siddhartha stod over Kamala, som han plejede at elske så højt
It seemed like a dream to her
Det virkede som en drøm for hende
with a smile, she looked at her friend's face
med et smil så hun på sin vens ansigt
slowly she realized her situation
langsomt indså hun sin situation
she remembered she had been bitten
hun huskede, at hun var blevet bidt
and she timidly called for her son
og hun kaldte frygtsomt på sin søn
"He's with you, don't worry," said Siddhartha
"Han er med dig, bare rolig," sagde Siddhartha
Kamala looked into his eyes
Kamala så ham ind i øjnene
She spoke with a heavy tongue, paralysed by the poison
Hun talte med tung tunge, lammet af giften
"You've become old, my dear," she said
"Du er blevet gammel, min kære," sagde hun
"you've become gray," she added
"du er blevet grå," tilføjede hun
"But you are like the young Samana, who came without clothes"
"Men du er som den unge Samana, der kom uden tøj"

"you're like the Samana who came into my garden with dusty feet"
"du er ligesom Samana, der kom ind i min have med støvede fødder"
"You are much more like him than you were when you left me"
"Du er meget mere som ham, end du var, da du forlod mig"
"In the eyes, you're like him, Siddhartha"
"I øjnene er du ligesom ham, Siddhartha"
"Alas, I have also grown old"
"Ak, jeg er også blevet gammel"
"could you still recognise me?"
"Kan du stadig genkende mig?"
Siddhartha smiled, "Instantly, I recognised you, Kamala, my dear"
Siddhartha smilede: "Øjeblikkeligt genkendte jeg dig, Kamala, min kære".
Kamala pointed to her boy
Kamala pegede på sin dreng
"Did you recognise him as well?"
"Kendte du ham også?"
"He is your son," she confirmed
"Han er din søn," bekræftede hun
Her eyes became confused and fell shut
Hendes øjne blev forvirrede og lukkede
The boy wept and Siddhartha took him on his knees
Drengen græd og Siddhartha tog ham på knæ
he let him weep and petted his hair
han lod ham græde og klappede hans hår
at the sight of the child's face, a Brahman prayer came to his mind
ved synet af barnets ansigt, kom en Brahman-bøn i hans sind
a prayer which he had learned a long time ago
en bøn, som han havde lært for længe siden
a time when he had been a little boy himself
en tid, hvor han selv havde været en lille dreng

Slowly, with a singing voice, he started to speak
Langsomt, med en sangstemme, begyndte han at tale
from his past and childhood, the words came flowing to him
fra hans fortid og barndom kom ordene strømmende til ham
And with that song, the boy became calm
Og med den sang blev drengen rolig
he was only now and then uttering a sob
han udstødte kun nu og da en hulken
and finally he fell asleep
og til sidst faldt han i søvn
Siddhartha placed him on Vasudeva's bed
Siddhartha placerede ham på Vasudevas seng
Vasudeva stood by the stove and cooked rice
Vasudeva stod ved komfuret og kogte ris
Siddhartha gave him a look, which he returned with a smile
Siddhartha gav ham et blik, som han vendte tilbage med et smil
"She'll die," Siddhartha said quietly
"Hun vil dø," sagde Siddhartha stille
Vasudeva knew it was true, and nodded
Vasudeva vidste, at det var sandt, og nikkede
over his friendly face ran the light of the stove's fire
over hans venlige ansigt løb lyset fra ovnens ild
once again, Kamala returned to consciousness
endnu en gang vendte Kamala tilbage til bevidsthed
the pain of the poison distorted her face
giftens smerte fordrejede hendes ansigt
Siddhartha's eyes read the suffering on her mouth
Siddharthas øjne læste lidelsen på hendes mund
from her pale cheeks he could see that she was suffering
på hendes blege kinder kunne han se, at hun led
Quietly, he read the pain in her eyes
Stille og roligt læste han smerten i hendes øjne
attentively, waiting, his mind become one with her suffering
opmærksomt, venter, bliver hans sind ét med hendes lidelse
Kamala felt it and her gaze sought his eyes

Kamala mærkede det, og hendes blik søgte hans øjne
Looking at him, she spoke
Hun så på ham og talte
"Now I see that your eyes have changed as well"
"Nu ser jeg, at dine øjne også har ændret sig"
"They've become completely different"
"De er blevet helt anderledes"
"what do I still recognise in you that is Siddhartha?
"hvad genkender jeg stadig i dig, som er Siddhartha?
"It's you, and it's not you"
"Det er dig, og det er ikke dig"
Siddhartha said nothing, quietly his eyes looked at hers
Siddhartha sagde intet, stille og roligt så hans øjne på hendes
"You have achieved it?" she asked
"Har du nået det?" spurgte hun
"You have found peace?"
"Har du fundet fred?"
He smiled and placed his hand on hers
Han smilede og lagde sin hånd på hendes
"I'm seeing it" she said
"Jeg ser det" sagde hun
"I too will find peace"
"Jeg vil også finde fred"
"You have found it," Siddhartha spoke in a whisper
"Du har fundet det," sagde Siddhartha hviskende
Kamala never stopped looking into his eyes
Kamala holdt aldrig op med at se ham i øjnene
She thought about her pilgrimage to Gotama
Hun tænkte på sin pilgrimsrejse til Gotama
the pilgrimage which she wanted to take
pilgrimsrejsen, som hun ville tage
in order to see the face of the perfected one
for at se ansigtet på den fuldkomne
in order to breathe his peace
for at ånde hans fred
but she had now found it in another place

men hun havde nu fundet den et andet sted
and this she thought that was good too
og det syntes hun også var godt
it was just as good as if she had seen the other one
det var lige så godt, som om hun havde set den anden
She wanted to tell this to him
Hun ville fortælle ham dette
but her tongue no longer obeyed her will
men hendes tunge adlød ikke længere hendes vilje
Without speaking, she looked at him
Uden at tale så hun på ham
he saw the life fading from her eyes
han så livet forsvinde fra hendes øjne
the final pain filled her eyes and made them grow dim
den sidste smerte fyldte hendes øjne og fik dem til at blive dunkle
the final shiver ran through her limbs
det sidste gys løb gennem hendes lemmer
his finger closed her eyelids
hans finger lukkede hendes øjenlåg

For a long time, he sat and looked at her peacefully dead face
I lang tid sad han og så på hendes fredfyldte døde ansigt
For a long time, he observed her mouth
I lang tid observerede han hendes mund
her old, tired mouth, with those lips, which had become thin
hendes gamle, trætte mund, med de læber, som var blevet tynde
he remembered he used to compare this mouth with a freshly cracked fig
han huskede, at han plejede at sammenligne denne mund med en nyknækket figen
this was in the spring of his years
dette var i hans års forår
For a long time, he sat and read the pale face

I lang tid sad han og læste det blege ansigt
he read the tired wrinkles
han læste de trætte rynker
he filled himself with this sight
han fyldte sig med dette syn
he saw his own face in the same manner
han så sit eget ansigt på samme måde
he saw his face was just as white
han så, at hans ansigt var lige så hvidt
he saw his face was just as quenched out
han så, at hans ansigt var lige så slukket
at the same time he saw his face and hers being young
samtidig så han hans ansigt og hendes være ungt
their faces with red lips and fiery eyes
deres ansigter med røde læber og brændende øjne
the feeling of both being real at the same time
følelsen af at begge er ægte på samme tid
the feeling of eternity completely filled every aspect of his being
følelsen af evighed fyldte fuldstændigt alle aspekter af hans væsen
in this hour he felt more deeply than than he had ever felt before
i denne time følte han dybere, end han nogensinde havde følt før
he felt the indestructibility of every life
han følte ethvert livs uforgængelighed
he felt the eternity of every moment
han mærkede ethvert øjebliks evighed
When he rose, Vasudeva had prepared rice for him
Da han rejste sig, havde Vasudeva forberedt ris til ham
But Siddhartha did not eat that night
Men Siddhartha spiste ikke den aften
In the stable their goat stood
I stalden stod deres ged
the two old men prepared beds of straw for themselves

de to gamle mænd gjorde sig halmsenge klar
Vasudeva laid himself down to sleep
Vasudeva lagde sig til at sove
But Siddhartha went outside and sat before the hut
Men Siddhartha gik udenfor og satte sig foran hytten
he listened to the river, surrounded by the past
han lyttede til floden, omgivet af fortiden
he was touched and encircled by all times of his life at the same time
han blev rørt og omgivet af alle tider af sit liv på samme tid
occasionally he rose and he stepped to the door of the hut
af og til rejste han sig og trådte hen til døren til hytten
he listened whether the boy was sleeping
han lyttede, om drengen sov

before the sun could be seen, Vasudeva came out of the stable
før solen kunne ses, kom Vasudeva ud af stalden
he walked over to his friend
han gik hen til sin ven
"You haven't slept," he said
"Du har ikke sovet," sagde han
"No, Vasudeva. I sat here"
"Nej, Vasudeva. Jeg sad her."
"I was listening to the river"
"Jeg lyttede til floden"
"the river has told me a lot"
"floden har fortalt mig meget"
"it has deeply filled me with the healing thought of oneness"
"det har dybt fyldt mig med den helbredende tanke om enhed"
"You've experienced suffering, Siddhartha"
"Du har oplevet lidelse, Siddhartha"
"but I see no sadness has entered your heart"
"men jeg kan se, at der ikke er trængt sorg ind i dit hjerte"
"No, my dear, how should I be sad?"

"Nej, min kære, hvordan skulle jeg være ked af det?"
"I, who have been rich and happy"
"Jeg, der har været rig og lykkelig"
"I have become even richer and happier now"
"Jeg er blevet endnu rigere og gladere nu"
"My son has been given to me"
"Min søn er blevet givet til mig"
"Your son shall be welcome to me as well"
"Din søn skal også være velkommen til mig"
"But now, Siddhartha, let's get to work"
"Men nu, Siddhartha, lad os komme på arbejde"
"there is much to be done"
"der er meget at gøre"
"Kamala has died on the same bed on which my wife had died"
"Kamala er død på den samme seng, som min kone døde på"
"Let us build Kamala's funeral pile on the hill"
"Lad os bygge Kamalas begravelsesbunke på bakken"
"the hill on which I my wife's funeral pile is"
"bakken, hvor jeg min kones begravelsesbunke er"
While the boy was still asleep, they built the funeral pile
Mens drengen stadig sov, byggede de begravelsesbunken

The Son
Sønnen

Timid and weeping, the boy had attended his mother's funeral
Frygtsom og grædende havde drengen deltaget i sin mors begravelse
gloomy and shy, he had listened to Siddhartha
dyster og genert havde han lyttet til Siddhartha
Siddhartha greeted him as his son
Siddhartha hilste ham som sin søn
he welcomed him at his place in Vasudeva's hut
han bød ham velkommen på hans plads i Vasudevas hytte
Pale, he sat for many days by the hill of the dead
Bleg sad han i mange dage ved de dødes bakke
he did not want to eat
han gad ikke spise
he did not look at anyone
han så ikke på nogen
he did not open his heart
han åbnede ikke sit hjerte
he met his fate with resistance and denial
han mødte sin skæbne med modstand og benægtelse
Siddhartha spared giving him lessons
Siddhartha skånede for at give ham lektioner
and he let him do as he pleased
og han lod ham gøre, som han ville
Siddhartha honoured his son's mourning
Siddhartha ærede sin søns sorg
he understood that his son did not know him
han forstod, at hans søn ikke kendte ham
he understood that he could not love him like a father
han forstod, at han ikke kunne elske ham som en far
Slowly, he also understood that the eleven-year-old was a pampered boy

Langsomt forstod han også, at den elleveårige var en forkælet dreng
he saw that he was a mother's boy
han så, at han var en mors dreng
he saw that he had grown up in the habits of rich people
han så, at han var vokset op i rige menneskers vaner
he was accustomed to finer food and a soft bed
han var vant til finere mad og en blød seng
he was accustomed to giving orders to servants
han var vant til at give ordrer til tjenere
the mourning child could not suddenly be content with a life among strangers
det sørgende barn kunne ikke pludselig nøjes med et liv blandt fremmede
Siddhartha understood the pampered child would not willingly be in poverty
Siddhartha forstod, at det forkælede barn ikke villigt ville være i fattigdom
He did not force him to do these these things
Han tvang ham ikke til at gøre disse ting
Siddhartha did many chores for the boy
Siddhartha gjorde mange gøremål for drengen
he always saved the best piece of the meal for him
han gemte altid det bedste stykke af måltidet til ham
Slowly, he hoped to win him over, by friendly patience
Langsomt håbede han på at vinde ham med venlig tålmodighed
Rich and happy, he had called himself, when the boy had come to him
Rig og glad, havde han kaldt sig selv, da drengen var kommet til ham
Since then some time had passed
Siden var der gået noget tid
but the boy remained a stranger and in a gloomy disposition
men drengen forblev en fremmed og i et dystert gemyt
he displayed a proud and stubbornly disobedient heart

han viste et stolt og stædigt ulydigt hjerte
he did not want to do any work
han ønskede ikke at udføre noget arbejde
he did not pay his respect to the old men
han viste ikke respekt for de gamle
he stole from Vasudeva's fruit-trees
han stjal fra Vasudevas frugttræer
his son had not brought him happiness and peace
hans søn havde ikke bragt ham lykke og fred
the boy had brought him suffering and worry
drengen havde bragt ham lidelse og bekymring
slowly Siddhartha began to understand this
langsomt begyndte Siddhartha at forstå dette
But he loved him regardless of the suffering he brought him
Men han elskede ham uanset den lidelse, han påførte ham
he preferred the suffering and worries of love over happiness and joy without the boy
han foretrak kærlighedens lidelser og bekymringer frem for lykke og glæde uden drengen
from when young Siddhartha was in the hut the old men had split the work
fra dengang unge Siddhartha var i hytten havde de gamle mænd splittet arbejdet
Vasudeva had again taken on the job of the ferryman
Vasudeva havde igen påtaget sig jobbet som færgemand
and Siddhartha, in order to be with his son, did the work in the hut and the field
og Siddhartha, for at være sammen med sin søn, udførte arbejdet i hytten og marken

for long months Siddhartha waited for his son to understand him
i lange måneder ventede Siddhartha på, at hans søn skulle forstå ham
he waited for him to accept his love
han ventede på, at han skulle acceptere sin kærlighed

and he waited for his son to perhaps reciprocate his love
og han ventede på, at hans søn måske ville gengælde hans kærlighed
For long months Vasudeva waited, watching
I lange måneder ventede Vasudeva og så på
he waited and said nothing
han ventede og sagde ingenting
One day, young Siddhartha tormented his father very much
En dag pinte den unge Siddhartha sin far meget
he had broken both of his rice-bowls
han havde brækket begge sine risskåle
Vasudeva took his friend aside and talked to him
Vasudeva tog sin ven til side og talte med ham
"Pardon me," he said to Siddhartha
"Undskyld mig," sagde han til Siddhartha
"from a friendly heart, I'm talking to you"
"fra et venligt hjerte, jeg taler til dig"
"I'm seeing that you are tormenting yourself"
"Jeg kan se, at du plager dig selv"
"I'm seeing that you're in grief"
"Jeg kan se, at du er i sorg"
"Your son, my dear, is worrying you"
"Din søn, min kære, bekymrer dig"
"and he is also worrying me"
"og han bekymrer mig også"
"That young bird is accustomed to a different life"
"Den unge fugl er vant til et andet liv"
"he is used to living in a different nest"
"han er vant til at bo i en anden rede"
"he has not, like you, run away from riches and the city"
"han er ikke, som du, flygtet fra rigdomme og byen"
"he was not disgusted and fed up with the life in Sansara"
"han var ikke væmmet og træt af livet i Sansara"
"he had to do all these things against his will"
"han var nødt til at gøre alle disse ting mod sin vilje"
"he had to leave all this behind"

"han var nødt til at efterlade alt dette"
"I asked the river, oh friend"
"Jeg spurgte floden, åh ven"
"many times I have asked the river"
"mange gange har jeg spurgt floden"
"But the river laughs at all of this"
"Men floden ler af alt dette"
"it laughs at me and it laughs at you"
"det ler af mig og det ler af dig"
"the river is shaking with laughter at our foolishness"
"floden ryster af grin over vores tåbelighed"
"Water wants to join water as youth wants to join youth"
"Vand vil med vandet, som de unge vil med de unge"
"your son is not in the place where he can prosper"
"din søn er ikke på det sted, hvor han kan trives"
"you too should ask the river"
"du burde også spørge floden"
"you too should listen to it!"
"du burde også lytte til det!"
Troubled, Siddhartha looked into his friendly face
Foruroliget så Siddhartha ind i hans venlige ansigt
he looked at the many wrinkles in which there was incessant cheerfulness
han så på de mange rynker, hvori der ustandselig var munter
"How could I part with him?" he said quietly, ashamed
"Hvordan kunne jeg skille mig af med ham?" sagde han skamfuldt stille
"Give me some more time, my dear"
"Giv mig lidt mere tid, min kære"
"See, I'm fighting for him"
"Se, jeg kæmper for ham"
"I'm seeking to win his heart"
"Jeg søger at vinde hans hjerte"
"with love and with friendly patience I intend to capture it"
"med kærlighed og med venlig tålmodighed agter jeg at fange det"

"One day, the river shall also talk to him"
"En dag skal floden også tale med ham"
"he also is called upon"
"også kaldes han"
Vasudeva's smile flourished more warmly
Vasudevas smil blomstrede varmere
"Oh yes, he too is called upon"
"Åh ja, han bliver også kaldt"
"he too is of the eternal life"
"også han er af det evige liv"
"But do we, you and me, know what he is called upon to do?"
"Men ved vi, du og jeg, hvad han er opfordret til at gøre?"
"we know what path to take and what actions to perform"
"vi ved, hvilken vej vi skal tage, og hvilke handlinger vi skal udføre"
"we know what pain we have to endure"
"vi ved hvilken smerte vi skal udholde"
"but does he know these things?"
"men ved han disse ting?"
"Not a small one, his pain will be"
"Ikke en lille en, hans smerte vil være"
"after all, his heart is proud and hard"
"hans hjerte er trods alt stolt og hårdt"
"people like this have to suffer and err a lot"
"sådan mennesker må lide og fejle meget"
"they have to do much injustice"
"de skal gøre meget uretfærdighed"
"and they have burden themselves with much sin"
"og de har bebyrdet sig selv med megen synd"
"Tell me, my dear," he asked of Siddhartha
"Fortæl mig, min kære," spurgte han til Siddhartha
"you're not taking control of your son's upbringing?"
"tager du ikke kontrol over din søns opvækst?"
"You don't force him, beat him, or punish him?"
"Du tvinger ham ikke, slår ham eller straffer ham?"

"No, Vasudeva, I don't do any of these things"
"Nej, Vasudeva, jeg gør ikke nogen af disse ting"
"I knew it. You don't force him"
"Jeg vidste det. Du tvinger ham ikke"
"you don't beat him and you don't give him orders"
"du slår ham ikke, og du giver ham ikke ordrer"
"because you know softness is stronger than hard"
"fordi du ved, at blødhed er stærkere end hård"
"you know water is stronger than rocks"
"du ved, at vand er stærkere end sten"
"and you know love is stronger than force"
"og du ved, at kærlighed er stærkere end kraft"
"Very good, I praise you for this"
"Meget godt, jeg roser dig for dette"
"But aren't you mistaken in some way?"
"Men tager du ikke fejl på en eller anden måde?"
"don't you think that you are forcing him?"
"tror du ikke, at du tvinger ham?"
"don't you perhaps punish him a different way?"
"straffer du ham måske ikke på en anden måde?"
"Don't you shackle him with your love?"
"Længer du ham ikke med din kærlighed?"
"Don't you make him feel inferior every day?"
"Får du ham ikke til at føle sig underlegen hver dag?"
"doesn't your kindness and patience make it even harder for him?"
"gør din venlighed og tålmodighed det ikke endnu sværere for ham?"
"aren't you forcing him to live in a hut with two old banana-eaters?"
"tvinger du ham ikke til at bo i en hytte med to gamle bananspisere?"
"old men to whom even rice is a delicacy"
"gamle mænd, for hvem selv ris er en delikatesse"
"old men whose thoughts can't be his"
"gamle mænd, hvis tanker ikke kan være hans"

"old men whose hearts are old and quiet"
"Gamle mænd, hvis hjerter er gamle og stille"
"old men whose hearts beat in a different pace than his"
"Gamle mænd, hvis hjerter banker i et andet tempo end hans"
"Isn't he forced and punished by all this?""
"Bliver han ikke tvunget og straffet af alt dette?"
Troubled, Siddhartha looked to the ground
Foruroliget kiggede Siddhartha til jorden
Quietly, he asked, "What do you think should I do?"
Stille spurgte han: "Hvad synes du, jeg skal gøre?"
Vasudeva spoke, "Bring him into the city"
Vasudeva talte: "Bring ham ind i byen"
"bring him into his mother's house"
"bring ham ind i hans mors hus"
"there'll still be servants around, give him to them"
"der vil stadig være tjenere omkring, giv ham til dem"
"And if there aren't any servants, bring him to a teacher"
"Og hvis der ikke er nogen tjenere, så bring ham til en lærer"
"but don't bring him to a teacher for teachings' sake"
"men bring ham ikke til en lærer for undervisningens skyld"
"bring him to a teacher so that he is among other children"
"bring ham til en lærer, så han er blandt andre børn"
"and bring him to the world which is his own"
"og bring ham til den verden, som er hans egen"
"have you never thought of this?"
"har du aldrig tænkt på det her?"
"you're seeing into my heart," Siddhartha spoke sadly
"du ser ind i mit hjerte," sagde Siddhartha trist
"Often, I have thought of this"
"Jeg har tit tænkt på det her"
"but how can I put him into this world?"
"men hvordan kan jeg sætte ham ind i denne verden?"
"Won't he become exuberant?"
"Vil han ikke blive sprudlende?"
"won't he lose himself to pleasure and power?"
"vil han ikke miste sig selv til nydelse og magt?"

"won't he repeat all of his father's mistakes?"
"Vil han ikke gentage alle sin fars fejl?"
"won't he perhaps get entirely lost in Sansara?"
"Vil han måske ikke fare helt vild i Sansara?"
Brightly, the ferryman's smile lit up
Klart lyste færgemandens smil op
softly, he touched Siddhartha's arm
blidt rørte han ved Siddharthas arm
"Ask the river about it, my friend!"
"Spørg floden om det, min ven!"
"Hear the river laugh about it!"
"Hør floden le af det!"
"Would you actually believe that you had committed your foolish acts?
"Ville du faktisk tro, at du havde begået dine tåbelige handlinger?
"in order to spare your son from committing them too"
"for at skåne din søn fra også at begå dem"
"And could you in any way protect your son from Sansara?"
"Og kunne du på nogen måde beskytte din søn mod Sansara?"
"How could you protect him from Sansara?"
"Hvordan kunne du beskytte ham mod Sansara?"
"By means of teachings, prayer, admonition?"
"Ved hjælp af lære, bøn, formaning?"
"My dear, have you entirely forgotten that story?"
"Min kære, har du helt glemt den historie?"
"the story containing so many lessons"
"historien indeholder så mange lektioner"
"the story about Siddhartha, a Brahman's son"
"historien om Siddhartha, en Brahmans søn"
"the story which you once told me here on this very spot?"
"den historie, som du engang fortalte mig her på netop dette sted?"
"Who has kept the Samana Siddhartha safe from Sansara?"
"Hvem har holdt Samana Siddhartha sikker fra Sansara?"
"who has kept him from sin, greed, and foolishness?"

"hvem har holdt ham fra synd, grådighed og dårskab?"
"Were his father's religious devotion able to keep him safe?
"Var hans fars religiøse hengivenhed i stand til at holde ham sikker?
"were his teacher's warnings able to keep him safe?"
"var hans lærers advarsler i stand til at holde ham sikker?"
"could his own knowledge keep him safe?"
"kunne hans egen viden holde ham sikker?"
"was his own search able to keep him safe?"
"var hans egen eftersøgning i stand til at holde ham sikker?"
"What father has been able to protect his son?"
"Hvilken far har været i stand til at beskytte sin søn?"
"what father could keep his son from living his life for himself?"
"hvilken far kunne forhindre sin søn i at leve sit liv for sig selv?"
"what teacher has been able to protect his student?"
"hvilken lærer har været i stand til at beskytte sin elev?"
"what teacher can stop his student from soiling himself with life?"
"hvilken lærer kan forhindre sin elev i at tilsmudse sig selv med liv?"
"who could stop him from burdening himself with guilt?"
"hvem kunne forhindre ham i at belaste sig selv med skyldfølelse?"
"who could stop him from drinking the bitter drink for himself?"
"hvem kunne forhindre ham i at drikke den bitre drik for sig selv?"
"who could stop him from finding his path for himself?"
"hvem kunne forhindre ham i at finde sin vej for sig selv?"
"did you think anybody could be spared from taking this path?"
"troede du, at nogen kunne blive skånet for at gå denne vej?"
"did you think that perhaps your little son would be spared?"

"troede du, at din lille søn måske ville blive skånet?"
"did you think your love could do all that?"
"troede du, at din kærlighed kunne alt det?"
"did you think your love could keep him from suffering"
"troede du, at din kærlighed kunne holde ham fra at lide"
"did you think your love could protect him from pain and disappointment?
"troede du, at din kærlighed kunne beskytte ham mod smerte og skuffelse?
"you could die ten times for him"
"du kan dø ti gange for ham"
"but you could take no part of his destiny upon yourself"
"men du kunne ikke tage nogen del af hans skæbne på dig selv"
Never before, Vasudeva had spoken so many words
Aldrig før havde Vasudeva talt så mange ord
Kindly, Siddhartha thanked him
Venligt takkede Siddhartha ham
he went troubled into the hut
han gik urolig ind i hytten

he could not sleep for a long time
han kunne ikke sove i lang tid
Vasudeva had told him nothing he had not already thought and known
Vasudeva havde ikke fortalt ham noget, han ikke allerede havde tænkt og vidst
But this was a knowledge he could not act upon
Men dette var en viden, han ikke kunne handle ud fra
stronger than knowledge was his love for the boy
stærkere end kundskab var hans kærlighed til drengen
stronger than knowledge was his tenderness
stærkere end kundskab var hans ømhed
stronger than knowledge was his fear to lose him
stærkere end viden var hans frygt for at miste ham
had he ever lost his heart so much to something?

havde han nogensinde mistet sit hjerte så meget til noget?
had he ever loved any person so blindly?
havde han nogensinde elsket nogen så blindt?
had he ever suffered for someone so unsuccessfully?
havde han nogensinde lidt for nogen så uden held?
had he ever made such sacrifices for anyone and yet been so unhappy?
havde han nogensinde gjort sådanne ofre for nogen og alligevel været så ulykkelig?
Siddhartha could not heed his friend's advice
Siddhartha kunne ikke lytte til sin vens råd
he could not give up the boy
han kunne ikke opgive drengen
He let the boy give him orders
Han lod drengen give ham ordre
he let him disregard him
han lod ham se bort fra ham
He said nothing and waited
Han sagde ingenting og ventede
daily, he attempted the struggle of friendliness
dagligt forsøgte han at kæmpe for venlighed
he initiated the silent war of patience
han indledte den tavse tålmodighedskrig
Vasudeva also said nothing and waited
Vasudeva sagde heller ikke noget og ventede
They were both masters of patience
De var begge mestre i tålmodighed

one time the boy's face reminded him very much of Kamala
en gang mindede drengens ansigt ham meget om Kamala
Siddhartha suddenly had to think of something Kamala had once said
Siddhartha måtte pludselig tænke på noget, Kamala engang havde sagt
"You cannot love" she had said to him
"Du kan ikke elske" havde hun sagt til ham

and he had agreed with her
og han havde aftalt med hende
and he had compared himself with a star
og han havde sammenlignet sig med en stjerne
and he had compared the childlike people with falling leaves
og han havde sammenlignet de barnlige mennesker med faldende blade
but nevertheless, he had also sensed an accusation in that line
men ikke desto mindre havde han også fornemmet en anklage i den linje
Indeed, he had never been able to love
Faktisk havde han aldrig været i stand til at elske
he had never been able to devote himself completely to another person
han havde aldrig kunnet hellige sig et andet menneske
he had never been able to to forget himself
han havde aldrig kunnet glemme sig selv
he had never been able to commit foolish acts for the love of another person
han havde aldrig været i stand til at begå tåbelige handlinger for en anden persons kærlighed
at that time it seemed to set him apart from the childlike people
dengang syntes det at adskille ham fra de barnlige mennesker
But ever since his son was here, Siddhartha also become a childlike person
Men lige siden hans søn var her, er Siddhartha også blevet en barnlig person
he was suffering for the sake of another person
han led for en anden persons skyld
he was loving another person
han elskede en anden person
he was lost to a love for someone else
han var tabt af kærlighed til en anden

he had become a fool on account of love
han var blevet en tåbe på grund af kærligheden
Now he too felt the strongest and strangest of all passions
Nu følte han også den stærkeste og mærkeligste af alle lidenskaber
he suffered from this passion miserably
han led elendigt af denne lidenskab
and he was nevertheless in bliss
og han var ikke desto mindre i lyksalighed
he was nevertheless renewed in one respect
han blev dog fornyet i én Henseende
he was enriched by this one thing
han blev beriget af denne ene ting
He sensed very well that this blind love for his son was a passion
Han fornemmede udmærket, at denne blinde kærlighed til sin søn var en lidenskab
he knew that it was something very human
han vidste, at det var noget meget menneskeligt
he knew that it was Sansara
han vidste, at det var Sansara
he knew that it was a murky source, dark waters
han vidste, at det var en grumset kilde, mørkt vand
but he felt it was not worthless, but necessary
men han følte, at det ikke var værdiløst, men nødvendigt
it came from the essence of his own being
det kom fra essensen af hans eget væsen
This pleasure also had to be atoned for
Denne fornøjelse skulle der også sones for
this pain also had to be endured
denne smerte måtte også udstå
these foolish acts also had to be committed
disse tåbelige handlinger måtte også begås
Through all this, the son let him commit his foolish acts
Gennem alt dette lod sønnen ham begå sine tåbelige handlinger

he let him court for his affection
han lod ham dømme for sin hengivenhed
he let him humiliate himself every day
han lod ham ydmyge sig hver dag
he gave in to the moods of his son
han gav efter for sin søns humør
his father had nothing which could have delighted him
hans far havde intet, som kunne have glædet ham
and he nothing that the boy feared
og han ikke noget, som drengen frygtede
He was a good man, this father
Han var en god mand, denne far
he was a good, kind, soft man
han var en god, venlig, blød mand
perhaps he was a very devout man
måske var han en meget troende mand
perhaps he was a saint, the boy thought
måske var han en helgen, tænkte drengen
but all these attributes could not win the boy over
men alle disse egenskaber kunne ikke vinde drengen over
He was bored by this father, who kept him imprisoned
Han kedede sig af denne far, som holdt ham fængslet
a prisoner in this miserable hut of his
en fange i denne hans elendige hytte
he was bored of him answering every naughtiness with a smile
han var træt af, at han svarede på enhver uartighed med et smil
he didn't appreciate insults being responded to by friendliness
han satte ikke pris på, at fornærmelser blev besvaret med venlighed
he didn't like viciousness returned in kindness
han kunne ikke lide ondskab vendt tilbage i venlighed
this very thing was the hated trick of this old sneak
netop dette var det forhadte trick i denne gamle snig

Much more the boy would have liked it if he had been threatened by him
Meget mere ville drengen have kunnet lide, hvis han var blevet truet af ham
he wanted to be abused by him
han ønskede at blive misbrugt af ham

A day came when young Siddhartha had had enough
En dag kom, hvor unge Siddhartha havde fået nok
what was on his mind came bursting forth
det, han havde på sinde, kom frem
and he openly turned against his father
og han vendte sig åbenlyst mod sin far
Siddhartha had given him a task
Siddhartha havde givet ham en opgave
he had told him to gather brushwood
han havde sagt til ham at samle børstetræ
But the boy did not leave the hut
Men drengen forlod ikke hytten
in stubborn disobedience and rage, he stayed where he was
i stædig ulydighed og raseri blev han, hvor han var
he thumped on the ground with his feet
han dunkede i jorden med fødderne
he clenched his fists and screamed in a powerful outburst
han knyttede næverne og skreg i et kraftigt udbrud
he screamed his hatred and contempt into his father's face
han skreg sit had og foragt ind i sin fars ansigt
"Get the brushwood for yourself!" he shouted, foaming at the mouth
"Få børstetræet for dig selv!" råbte han og frådende om munden
"I'm not your servant"
"Jeg er ikke din tjener"
"I know that you won't hit me, you wouldn't dare"
"Jeg ved, at du ikke slår mig, du ville ikke turde"
"I know that you constantly want to punish me"

"Jeg ved, at du konstant vil straffe mig"
"you want to put me down with your religious devotion and your indulgence"
"du vil slå mig ned med din religiøse hengivenhed og din overbærenhed"
"You want me to become like you"
"Du vil have, at jeg bliver som dig"
"you want me to be just as devout, soft, and wise as you"
"du vil have, at jeg skal være lige så hengiven, blød og klog som dig"
"but I won't do it, just to make you suffer"
"men jeg vil ikke gøre det, bare for at få dig til at lide"
"I would rather become a highway-robber than be as soft as you"
"Jeg vil hellere blive en landevejsrøver end at være lige så blød som dig"
"I would rather be a murderer than be as wise as you"
"Jeg vil hellere være en morder end at være lige så klog som dig"
"I would rather go to hell, than to become like you!"
"Jeg vil hellere ad helvede til end at blive som dig!"
"I hate you, you're not my father
"Jeg hader dig, du er ikke min far
"even if you've slept with my mother ten times, you are not my father!"
"Selvom du har sovet med min mor ti gange, er du ikke min far!"
Rage and grief boiled over in him
Raseri og sorg kogte over i ham
he foamed at his father in a hundred savage and evil words
han skummede sin far med hundrede vilde og onde ord
Then the boy ran away into the forest
Så løb drengen ud i skoven
it was late at night when the boy returned
det var sent om natten, da drengen kom tilbage
But the next morning, he had disappeared

Men næste morgen var han forsvundet
What had also disappeared was a small basket
Hvad der også var forsvundet var en lille kurv
the basket in which the ferrymen kept those copper and silver coins
kurven, hvori færgemændene opbevarede de kobber- og sølvmønter
the coins which they received as a fare
de mønter, som de modtog som billetpris
The boat had also disappeared
Båden var også forsvundet
Siddhartha saw the boat lying by the opposite bank
Siddhartha så båden ligge ved den modsatte bred
Siddhartha had been shivering with grief
Siddhartha havde rystet af sorg
the ranting speeches the boy had made touched him
de skrålende taler, drengen havde holdt, rørte ham
"I must follow him," said Siddhartha
"Jeg må følge ham," sagde Siddhartha
"A child can't go through the forest all alone, he'll perish"
"Et barn kan ikke gå gennem skoven helt alene, det vil omkomme"
"We must build a raft, Vasudeva, to get over the water"
"Vi skal bygge en tømmerflåde, Vasudeva, for at komme over vandet"
"We will build a raft" said Vasudeva
"Vi vil bygge en tømmerflåde" sagde Vasudeva
"we will build it to get our boat back"
"vi vil bygge den for at få vores båd tilbage"
"But you shall not run after your child, my friend"
"Men du må ikke løbe efter dit barn, min ven"
"he is no child anymore"
"han er intet barn mere"
"he knows how to get around"
"han ved, hvordan man kommer rundt"
"He's looking for the path to the city"

"Han leder efter vejen til byen"
"and he is right, don't forget that"
"og han har ret, glem det ikke"
"he's doing what you've failed to do yourself"
"han gør, hvad du selv har undladt at gøre"
"he's taking care of himself"
"han passer på sig selv"
"he's taking his course for himself"
"han tager sit kursus for sig selv"
"Alas, Siddhartha, I see you suffering"
"Ak, Siddhartha, jeg ser dig lide"
"but you're suffering a pain at which one would like to laugh"
"men du lider af en smerte, som man gerne vil grine af"
"you're suffering a pain at which you'll soon laugh yourself"
"du lider af en smerte, som du snart selv vil grine af"
Siddhartha did not answer his friend
Siddhartha svarede ikke sin ven
He already held the axe in his hands
Han holdt allerede øksen i hænderne
and he began to make a raft of bamboo
og han begyndte at lave en flåde af bambus
Vasudeva helped him to tie the canes together with ropes of grass
Vasudeva hjalp ham med at binde stokkene sammen med reb af græs
When they crossed the river they drifted far off their course
Da de krydsede floden, drev de langt væk fra deres kurs
they pulled the raft upriver on the opposite bank
de trak flåden op ad floden på den modsatte bred
"Why did you take the axe along?" asked Siddhartha
"Hvorfor tog du øksen med?" spurgte Siddhartha
"It might have been possible that the oar of our boat got lost"
"Det kunne have været muligt, at åren på vores båd gik tabt"
But Siddhartha knew what his friend was thinking
Men Siddhartha vidste, hvad hans ven tænkte

He thought, the boy would have thrown away the oar
Han tænkte, drengen ville have smidt åren væk
in order to get some kind of revenge
for at få en form for hævn
and in order to keep them from following him
og for at forhindre dem i at følge ham
And in fact, there was no oar left in the boat
Og faktisk var der ingen åre tilbage i båden
Vasudeva pointed to the bottom of the boat
Vasudeva pegede på bunden af båden
and he looked at his friend with a smile
og han så på sin ven med et smil
he smiled as if he wanted to say something
han smilede, som om han ville sige noget
"Don't you see what your son is trying to tell you?"
"Kan du ikke se, hvad din søn prøver at fortælle dig?"
"Don't you see that he doesn't want to be followed?"
"Ser du ikke, at han ikke vil følges?"
But he did not say this in words
Men han sagde det ikke med ord
He started making a new oar
Han begyndte at lave en ny åre
But Siddhartha bid his farewell, to look for the run-away
Men Siddhartha sagde farvel for at lede efter den løbske
Vasudeva did not stop him from looking for his child
Vasudeva forhindrede ham ikke i at lede efter sit barn

Siddhartha had been walking through the forest for a long time
Siddhartha havde gået gennem skoven i lang tid
the thought occurred to him that his search was useless
tanken gik op for ham, at hans eftersøgning var nytteløs
Either the boy was far ahead and had already reached the city
Enten var drengen langt fremme og var allerede nået til byen
or he would conceal himself from him

eller han ville skjule sig for ham
he continued thinking about his son
han fortsatte med at tænke på sin søn
he found that he was not worried for his son
han fandt ud af, at han ikke var bekymret for sin søn
he knew deep inside that he had not perished
han vidste inderst inde, at han ikke var omkommet
nor was he in any danger in the forest
han var heller ikke i nogen fare i skoven
Nevertheless, he ran without stopping
Ikke desto mindre løb han uden at stoppe
he was not running to save him
han løb ikke for at redde ham
he was running to satisfy his desire
han løb for at tilfredsstille sit ønske
he wanted to perhaps see him one more time
han ville måske se ham en gang til
And he ran up to just outside of the city
Og han løb op til lige uden for byen
When, near the city, he reached a wide road
Da han i nærheden af byen nåede en bred vej
he stopped, by the entrance of the beautiful pleasure-garden
han standsede ved indgangen til den smukke lysthave
the garden which used to belong to Kamala
haven, som før tilhørte Kamala
the garden where he had seen her for the first time
haven, hvor han havde set hende for første gang
when she was sitting in her sedan-chair
da hun sad i sin sedan-stol
The past rose up in his soul
Fortiden steg op i hans sjæl
again, he saw himself standing there
igen så han sig selv stå der
a young, bearded, naked Samana
en ung, skægget, nøgen Samana
his hair hair was full of dust

hans hår hår var fuld af støv
For a long time, Siddhartha stood there
I lang tid stod Siddhartha der
he looked through the open gate into the garden
han så gennem den åbne port ind i haven
he saw monks in yellow robes walking among the beautiful trees
han så munke i gule klæder gå mellem de smukke træer
For a long time, he stood there, pondering
I lang tid stod han der og grublede
he saw images and listened to the story of his life
han så billeder og lyttede til sit livs historie
For a long time, he stood there looking at the monks
I lang tid stod han der og så på munkene
he saw young Siddhartha in their place
han så den unge Siddhartha i deres sted
he saw young Kamala walking among the high trees
han så den unge Kamala gå mellem de høje træer
Clearly, he saw himself being served food and drink by Kamala
Det er tydeligt, at han så sig selv blive serveret mad og drikke af Kamala
he saw himself receiving his first kiss from her
han så sig selv modtage sit første kys fra hende
he saw himself looking proudly and disdainfully back on his life as a Brahman
han så sig selv se stolt og foragtende tilbage på sit liv som brahman
he saw himself beginning his worldly life, proudly and full of desire
han så sig selv begynde sit verdslige liv, stolt og fuld af begær
He saw Kamaswami, the servants, the orgies
Han så Kamaswami, tjenerne, orgierne
he saw the gamblers with the dice
han så spillerne med terningerne
he saw Kamala's song-bird in the cage

han så Kamalas sangfugl i buret
he lived through all this again
han gennemlevede alt dette igen
he breathed Sansara and was once again old and tired
han åndede Sansara og var igen gammel og træt
he felt the disgust and the wish to annihilate himself again
han mærkede væmmelsen og ønsket om at udslette sig selv igen
and he was healed again by the holy Om
og han blev helbredt igen af det hellige Om
for a long time Siddhartha had stood by the gate
i lang tid havde Siddhartha stået ved porten
he realised his desire was foolish
han indså, at hans ønske var tåbeligt
he realized it was foolishness which had made him go up to this place
han indså, at det var tåbelighed, der havde fået ham til at gå op til dette sted
he realized he could not help his son
han indså, at han ikke kunne hjælpe sin søn
and he realized that he was not allowed to cling to him
og han indså, at han ikke måtte klynge sig til ham
he felt the love for the run-away deeply in his heart
han mærkede kærligheden til den løbske dybt i sit hjerte
the love for his son felt like a wound
kærligheden til hans søn føltes som et sår
but this wound had not been given to him in order to turn the knife in it
men dette Saar var ham ikke givet for at vende Kniven deri
the wound had to become a blossom
såret måtte blive til en blomst
and his wound had to shine
og hans sår måtte lyse
That this wound did not blossom or shine yet made him sad
At dette sår ikke blomstrede eller skinnede, gjorde ham endnu ked af det

Instead of the desired goal, there was emptiness
I stedet for det ønskede mål var der tomhed
emptiness had drawn him here, and sadly he sat down
tomheden havde trukket ham hertil, og desværre satte han sig ned
he felt something dying in his heart
han mærkede noget dø i sit hjerte
he experienced emptiness and saw no joy any more
han oplevede tomhed og så ingen glæde mere
there was no goal for which to aim for
der var ikke noget mål at sigte efter
He sat lost in thought and waited
Han sad fortabt i tanker og ventede
This he had learned by the river
Dette havde han lært ved floden
waiting, having patience, listening attentively
venter, har tålmodighed, lytter opmærksomt
And he sat and listened, in the dust of the road
Og han sad og lyttede, i Støvet af Vejen
he listened to his heart, beating tiredly and sadly
han lyttede til sit hjerte og bankede træt og trist
and he waited for a voice
og han ventede på en stemme
Many an hour he crouched, listening
Mange timer krøb han sammen og lyttede
he saw no images any more
han så ingen billeder mere
he fell into emptiness and let himself fall
han faldt i tomhed og lod sig falde
he could see no path in front of him
han kunne ikke se nogen sti foran sig
And when he felt the wound burning, he silently spoke the Om
Og da han mærkede såret brænde, talte han tavs om
he filled himself with Om
han fyldte sig med Om

The monks in the garden saw him
Munkene i haven så ham
dust was gathering on his gray hair
støv samlede sig på hans grå hår
since he crouched for many hours, one of monks placed two bananas in front of him
da han krøb i mange timer, placerede en af munkene to bananer foran ham
The old man did not see him
Den gamle mand så ham ikke

From this petrified state, he was awoken by a hand touching his shoulder
Fra denne forstenede tilstand blev han vækket af en hånd, der rørte ved hans skulder
Instantly, he recognised this tender bashful touch
Øjeblikkeligt genkendte han denne ømme blufærdige berøring
Vasudeva had followed him and waited
Vasudeva havde fulgt ham og ventet
he regained his senses and rose to greet Vasudeva
han fik fornuften tilbage og rejste sig for at hilse på Vasudeva
he looked into Vasudeva's friendly face
han så ind i Vasudevas venlige ansigt
he looked into the small wrinkles
han så ind i de små rynker
his wrinkles were as if they were filled with nothing but his smile
hans rynker var, som om de ikke var fyldt med andet end hans smil
he looked into the happy eyes, and then he smiled too
han så ind i de glade øjne, og så smilede han også
Now he saw the bananas lying in front of him
Nu så han bananerne ligge foran sig
he picked the bananas up and gave one to the ferryman
han samlede bananerne op og gav en til færgemanden

After eating the bananas, they silently went back into the forest
Efter at have spist bananerne gik de stille tilbage ind i skoven
they returned home to the ferry
de vendte hjem til færgen
Neither one talked about what had happened that day
Ingen af dem talte om, hvad der var sket den dag
neither one mentioned the boy's name
ingen af dem nævnte drengens navn
neither one spoke about him running away
ingen af dem talte om, at han løb væk
neither one spoke about the wound
ingen af dem talte om såret
In the hut, Siddhartha lay down on his bed
I hytten lagde Siddhartha sig på sin seng
after a while Vasudeva came to him
efter et stykke tid kom Vasudeva til ham
he offered him a bowl of coconut-milk
han tilbød ham en skål kokosmælk
but he was already asleep
men han sov allerede

Om

For a long time the wound continued to burn
I lang tid fortsatte såret med at brænde
Siddhartha had to ferry many travellers across the river
Siddhartha måtte fragte mange rejsende over floden
many of the travellers were accompanied by a son or a daughter
mange af de rejsende var ledsaget af en søn eller en datter
and he saw none of them without envying them
og han så ingen af dem uden at misunde dem
he couldn't see them without thinking about his lost son
han kunne ikke se dem uden at tænke på sin fortabte søn
"So many thousands possess the sweetest of good fortunes"
"Så mange tusinde besidder den sødeste lykke"
"why don't I also possess this good fortune?"
"hvorfor besidder jeg ikke også denne lykke?"
"even thieves and robbers have children and love them"
"selv tyve og røvere har børn og elsker dem"
"and they are being loved by their children"
"og de bliver elsket af deres børn"
"all are loved by their children except for me"
"alle er elsket af deres børn undtagen mig"
he now thought like the childlike people, without reason
han tænkte nu som de barnlige mennesker, uden grund
he had become one of the childlike people
han var blevet en af de barnlige mennesker
he looked upon people differently than before
han så anderledes på folk end før
he was less smart and less proud of himself
han var mindre klog og mindre stolt af sig selv
but instead, he was warmer and more curious
men i stedet var han varmere og mere nysgerrig
when he ferried travellers, he was more involved than before
når han færgede rejsende, var han mere involveret end før

childlike people, businessmen, warriors, women
barnlige mennesker, forretningsmænd, krigere, kvinder
these people did not seem alien to him, as they used to
disse mennesker virkede ikke fremmede for ham, som de plejede
he understood them and shared their life
han forstod dem og delte deres liv
a life which was not guided by thoughts and insight
et liv, som ikke var styret af tanker og indsigt
but a life guided solely by urges and wishes
men et liv udelukkende styret af drifter og ønsker
he felt like the the childlike people
han følte sig som de barnlige mennesker
he was bearing his final wound
han bar sit sidste sår
he was nearing perfection
han nærmede sig perfektion
but the childlike people still seemed like his brothers
men de barnlige mennesker virkede stadig som hans brødre
their vanities, desires for possession were no longer ridiculous to him
deres forfængeligheder, begær efter besiddelse var ikke længere latterlige for ham
they became understandable and lovable
de blev forståelige og elskelige
they even became worthy of veneration to him
de blev endda værdige til ære for ham
The blind love of a mother for her child
En mors blinde kærlighed til sit barn
the stupid, blind pride of a conceited father for his only son
en indbildsk fars dumme, blinde stolthed over sin eneste søn
the blind, wild desire of a young, vain woman for jewellery
en ung, forfængelig kvindes blinde, vilde begær efter smykker
her wish for admiring glances from men
hendes ønske om beundrende blikke fra mænd
all of these simple urges were not childish notions

alle disse simple drifter var ikke barnlige forestillinger
but they were immensely strong, living, and prevailing urges
men de var uhyre stærke, levende og fremherskende drifter
he saw people living for the sake of their urges
han så folk leve for deres drifters skyld
he saw people achieving rare things for their urges
han så folk opnå sjældne ting for deres drifter
travelling, conducting wars, suffering
at rejse, føre krige, lidelse
they bore an infinite amount of suffering
de bar uendelig meget lidelse
and he could love them for it, because he saw life
og han kunne elske dem for det, fordi han så livet
that what is alive was in each of their passions
at det levende var i hver deres lidenskab
that what is is indestructible was in their urges, the Brahman
at det, der er uforgængeligt, var i deres drifter, Brahmanen
these people were worthy of love and admiration
disse mennesker var værdige til kærlighed og beundring
they deserved it for their blind loyalty and blind strength
de fortjente det for deres blinde loyalitet og blinde styrke
there was nothing that they lacked
der var ikke noget, de manglede
Siddhartha had nothing which would put him above the rest, except one thing
Siddhartha havde intet, der ville sætte ham over resten, undtagen én ting
there still was a small thing he had which they didn't
der var stadig en lille ting han havde, som de ikke havde
he had the conscious thought of the oneness of all life
han havde den bevidste tanke om alt livs enhed
but Siddhartha even doubted whether this knowledge should be valued so highly
men Siddhartha tvivlede endda på, om denne viden burde værdsættes så højt

it might also be a childish idea of the thinking people
det er måske også en barnlig idé om de tænkende mennesker
the worldly people were of equal rank to the wise men
de verdslige mennesker var ligestillede med de vise mænd
animals too can in some moments seem to be superior to humans
også dyr kan i nogle øjeblikke synes at være mennesker overlegne
they are superior in their tough, unrelenting performance of what is necessary
de er overlegne i deres hårde, utrættelige præstation af det nødvendige
an idea slowly blossomed in Siddhartha
en idé blomstrede langsomt i Siddhartha
and the idea slowly ripened in him
og ideen modnes langsomt i ham
he began to see what wisdom actually was
han begyndte at se, hvad visdom egentlig var
he saw what the goal of his long search was
han så, hvad målet med hans lange søgen var
his search was nothing but a readiness of the soul
hans søgen var intet andet end en sjælens beredskab
a secret art to think every moment, while living his life
en hemmelig kunst at tænke hvert øjeblik, mens han lever sit liv
it was the thought of oneness
det var tanken om enhed
to be able to feel and inhale the oneness
at kunne mærke og indånde enhed
Slowly this awareness blossomed in him
Langsomt blomstrede denne bevidsthed i ham
it was shining back at him from Vasudeva's old, childlike face
det skinnede tilbage på ham fra Vasudevas gamle, barnlige ansigt

harmony and knowledge of the eternal perfection of the world
harmoni og viden om verdens evige fuldkommenhed
smiling and to be part of the oneness
smilende og at være en del af enhed
But the wound still burned
Men såret brændte stadig
longingly and bitterly Siddhartha thought of his son
Siddhartha tænkte længselsfuldt og bittert på sin søn
he nurtured his love and tenderness in his heart
han nærede sin kærlighed og ømhed i sit hjerte
he allowed the pain to gnaw at him
han lod smerten gnave i sig
he committed all foolish acts of love
han begik alle tåbelige kærlighedshandlinger
this flame would not go out by itself
denne flamme ville ikke slukke af sig selv

one day the wound burned violently
en dag brændte såret voldsomt
driven by a yearning, Siddhartha crossed the river
drevet af en længsel krydsede Siddhartha floden
he got off the boat and was willing to go to the city
han steg af båden og var villig til at tage til byen
he wanted to look for his son again
han ville lede efter sin søn igen
The river flowed softly and quietly
Floden flød blødt og stille
it was the dry season, but its voice sounded strange
det var den tørre årstid, men dens stemme lød mærkelig
it was clear to hear that the river laughed
det var tydeligt at høre, at floden lo
it laughed brightly and clearly at the old ferryman
det lo klart og tydeligt af den gamle færgemand
he bent over the water, in order to hear even better
han bøjede sig over vandet for at høre endnu bedre

and he saw his face reflected in the quietly moving waters
og han så sit ansigt reflekteret i det stille bevægende vand
in this reflected face there was something
i dette reflekterede ansigt var der noget
something which reminded him, but he had forgotten
noget, der mindede ham om, men han havde glemt det
as he thought about it, he found it
mens han tænkte over det, fandt han det
this face resembled another face which he used to know and love
dette ansigt lignede et andet ansigt, som han plejede at kende og elske
but he also used to fear this face
men han plejede også at frygte dette ansigt
It resembled his father's face, the Brahman
Det lignede hans fars ansigt, Brahmanen
he remembered how he had forced his father to let him go
han huskede, hvordan han havde tvunget sin far til at lade ham gå
he remembered how he had bid his farewell to him
han huskede, hvordan han havde sagt farvel til ham
he remembered how he had gone and had never come back
han huskede, hvordan han var gået og aldrig var kommet tilbage
Had his father not also suffered the same pain for him?
Havde hans far ikke også lidt den samme smerte for ham?
was his father's pain not the pain Siddhartha is suffering now?
var hans fars smerte ikke den smerte, Siddhartha lider nu?
Had his father not long since died?
Var hans far ikke længe siden død?
had he died without having seen his son again?
var han død uden at have set sin søn igen?
Did he not have to expect the same fate for himself?
Måtte han ikke forvente samme skæbne for sig selv?
Was it not a comedy in a fateful circle?

Var det ikke en komedie i en skæbnesvanger cirkel?
The river laughed about all of this
Floden lo af alt dette
everything came back which had not been suffered
alt kom tilbage, som ikke var blevet lidt
everything came back which had not been solved
alt kom tilbage, som ikke var blevet løst
the same pain was suffered over and over again
den samme smerte blev lidt igen og igen
Siddhartha went back into the boat
Siddhartha gik tilbage i båden
and he returned back to the hut
og han vendte tilbage til hytten
he was thinking of his father and of his son
han tænkte på sin far og på sin søn
he thought of having been laughed at by the river
han tænkte på at være blevet til grin ved floden
he was at odds with himself and tending towards despair
han var i strid med sig selv og havde en tendens til fortvivlelse
but he was also tempted to laugh
men han var også fristet til at le
he could laugh at himself and the entire world
han kunne grine af sig selv og hele verden
Alas, the wound was not blossoming yet
Ak, såret var ikke blomstret endnu
his heart was still fighting his fate
hans hjerte kæmpede stadig mod hans skæbne
cheerfulness and victory were not yet shining from his suffering
munterhed og sejr lyste endnu ikke af hans lidelse
Nevertheless, he felt hope along with the despair
Ikke desto mindre følte han håb sammen med fortvivlelsen
once he returned to the hut he felt an undefeatable desire to open up to Vasudeva
da han vendte tilbage til hytten, følte han et uovervindeligt ønske om at åbne op for Vasudeva

he wanted to show him everything
han ville vise ham alt
he wanted to say everything to the master of listening
han ville sige alt til lytterens mester

Vasudeva was sitting in the hut, weaving a basket
Vasudeva sad i hytten og vævede en kurv
He no longer used the ferry-boat
Han brugte ikke længere færgebåden
his eyes were starting to get weak
hans øjne begyndte at blive svage
his arms and hands were getting weak as well
hans arme og hænder blev også svage
only the joy and cheerful benevolence of his face was unchanging
kun hans ansigts glæde og muntre velvilje var uforanderlig
Siddhartha sat down next to the old man
Siddhartha satte sig ved siden af den gamle mand
slowly, he started talking about what they had never spoke about
langsomt begyndte han at tale om det, de aldrig havde talt om
he told him of his walk to the city
han fortalte ham om hans vandring til byen
he told at him of the burning wound
han fortalte ham om det brændende sår
he told him about the envy of seeing happy fathers
han fortalte ham om misundelsen ved at se glade fædre
his knowledge of the foolishness of such wishes
hans viden om tåbeligheden i sådanne ønsker
his futile fight against his wishes
hans forgæves kamp mod hans ønsker
he was able to say everything, even the most embarrassing parts
han var i stand til at sige alt, selv de mest pinlige dele
he told him everything he could tell him
han fortalte ham alt, hvad han kunne fortælle ham

he showed him everything he could show him
han viste ham alt, hvad han kunne vise ham
He presented his wound to him
Han præsenterede sit sår for ham
he also told him how he had fled today
han fortalte ham også, hvordan han var flygtet i dag
he told him how he ferried across the water
han fortalte ham, hvordan han færgede over vandet
a childish run-away, willing to walk to the city
en barnlig flugt, villig til at gå til byen
and he told him how the river had laughed
og han fortalte ham, hvordan floden havde grinet
he spoke for a long time
han talte længe
Vasudeva was listening with a quiet face
Vasudeva lyttede med et stille ansigt
Vasudeva's listening gave Siddhartha a stronger sensation than ever before
Vasudevas lytning gav Siddhartha en stærkere fornemmelse end nogensinde før
he sensed how his pain and fears flowed over to him
han fornemmede, hvordan hans smerte og frygt flød over til ham
he sensed how his secret hope flowed over him
han fornemmede, hvordan hans hemmelige håb flød over ham
To show his wound to this listener was the same as bathing it in the river
At vise sit sår til denne lytter var det samme som at bade det i floden
the river would have cooled Siddhartha's wound
floden ville have afkølet Siddharthas sår
the quiet listening cooled Siddhartha's wound
den stille lytning afkølede Siddharthas sår
it cooled him until he become one with the river
det afkølede ham, indtil han blev ét med floden
While he was still speaking, still admitting and confessing

Mens han stadig talte, indrømmede han stadig og tilstod
Siddhartha felt more and more that this was no longer Vasudeva
Siddhartha følte mere og mere, at dette ikke længere var Vasudeva
it was no longer a human being who was listening to him
det var ikke længere et menneske, der lyttede til ham
this motionless listener was absorbing his confession into himself
denne ubevægelige lytter sugede sin tilståelse ind i sig selv
this motionless listener was like a tree the rain
denne ubevægelige lytter var som et træ i regnen
this motionless man was the river itself
denne ubevægelige mand var selve floden
this motionless man was God himself
denne ubevægelige mand var Gud selv
the motionless man was the eternal itself
det ubevægelige menneske var det evige selv
Siddhartha stopped thinking of himself and his wound
Siddhartha holdt op med at tænke på sig selv og sit sår
this realisation of Vasudeva's changed character took possession of him
denne erkendelse af Vasudevas ændrede karakter tog ham i besiddelse
and the more he entered into it, the less wondrous it became
og jo mere han gik ind i det, jo mindre vidunderligt blev det
the more he realised that everything was in order and natural
jo mere indså han, at alt var i orden og naturligt
he realised that Vasudeva had already been like this for a long time
han indså, at Vasudeva allerede havde været sådan i lang tid
he had just not quite recognised it yet
han havde bare ikke helt erkendt det endnu
yes, he himself had almost reached the same state
ja selv var han næsten nået til samme tilstand

He felt, that he was now seeing old Vasudeva as the people see the gods
Han følte, at han nu så gamle Vasudeva, som folket ser guderne
and he felt that this could not last
og han følte, at dette ikke kunne holde
in his heart, he started bidding his farewell to Vasudeva
i sit hjerte begyndte han at sige farvel til Vasudeva
Throughout all this, he talked incessantly
Igennem alt dette talte han uophørligt
When he had finished talking, Vasudeva turned his friendly eyes at him
Da han var færdig med at tale, vendte Vasudeva sine venlige øjne mod ham
the eyes which had grown slightly weak
øjnene, der var blevet lidt svage
he said nothing, but let his silent love and cheerfulness shine
han sagde intet, men lod sin tavse kærlighed og munterhed skinne
his understanding and knowledge shone from him
hans forståelse og viden lyste fra ham
He took Siddhartha's hand and led him to the seat by the bank
Han tog Siddharthas hånd og førte ham til sædet ved banken
he sat down with him and smiled at the river
han satte sig sammen med ham og smilede til floden
"You've heard it laugh," he said
"Du har hørt det grine," sagde han
"But you haven't heard everything"
"Men du har ikke hørt alt"
"Let's listen, you'll hear more"
"Lad os lytte, du vil høre mere"
Softly sounded the river, singing in many voices
Blødt lød floden og sang med mange stemmer
Siddhartha looked into the water

Siddhartha kiggede ud i vandet
images appeared to him in the moving water
billeder viste sig for ham i det bevægende vand
his father appeared, lonely and mourning for his son
hans far dukkede op, ensom og sørgende over sin søn
he himself appeared in the moving water
han selv dukkede op i det bevægende vand
he was also being tied with the bondage of yearning to his distant son
han blev også bundet af længslens trældom til sin fjerne søn
his son appeared, lonely as well
hans søn dukkede op, også ensom
the boy, greedily rushing along the burning course of his young wishes
drengen, der grådigt suser langs sine unge ønskers brændende kurs
each one was heading for his goal
hver var på vej mod sit mål
each one was obsessed by the goal
hver enkelt var besat af målet
each one was suffering from the pursuit
hver enkelt led under forfølgelsen
The river sang with a voice of suffering
Floden sang med en stemme af lidelse
longingly it sang and flowed towards its goal
længselsfuldt sang den og flød mod sit mål
"Do you hear?" Vasudeva asked with a mute gaze
"Hører du?" spurgte Vasudeva med et stumt blik
Siddhartha nodded in reply
Siddhartha nikkede som svar
"Listen better!" Vasudeva whispered
"Hør bedre!" Vasudeva hviskede
Siddhartha made an effort to listen better
Siddhartha gjorde en indsats for at lytte bedre
The image of his father appeared
Billedet af hans far dukkede op

his own image merged with his father's
hans eget billede smeltede sammen med hans fars
the image of his son merged with his image
billedet af hans søn smeltede sammen med hans billede
Kamala's image also appeared and was dispersed
Kamalas billede dukkede også op og blev spredt
and the image of Govinda, and other images
og billedet af Govinda og andre billeder
and all the imaged merged with each other
og alle de afbildede smeltede sammen med hinanden
all the imaged turned into the river
alle de afbildede blev til floden
being the river, they all headed for the goal
da de var floden, satte de alle mod målet
longing, desiring, suffering flowed together
længsel, begær, lidelse flød sammen
and the river's voice sounded full of yearning
og flodens stemme lød fuld af længsel
the river's voice was full of burning woe
flodens stemme var fuld af brændende ve
the river's voice was full of unsatisfiable desire
flodens stemme var fuld af utilfredsstillende begær
For the goal, the river was heading
For målet var floden på vej
Siddhartha saw the river hurrying towards its goal
Siddhartha så floden skynde sig mod sit mål
the river of him and his loved ones and of all people he had ever seen
floden af ham og hans kære og af alle mennesker, han nogensinde havde set
all of these waves and waters were hurrying
alle disse bølger og farvande skyndte sig
they were all suffering towards many goals
de led alle mod mange mål
the waterfall, the lake, the rapids, the sea
vandfaldet, søen, strømfaldene, havet

and all goals were reached
og alle mål blev nået
and every goal was followed by a new one
og hvert mål blev efterfulgt af et nyt
and the water turned into vapour and rose to the sky
og vandet blev til damp og steg til himlen
the water turned into rain and poured down from the sky
vandet blev til regn og væltede ned fra himlen
the water turned into a source
vandet blev til en kilde
then the source turned into a stream
så blev kilden til en strøm
the stream turned into a river
åen blev til en flod
and the river headed forwards again
og floden gik fremad igen
But the longing voice had changed
Men den længselsfulde stemme havde ændret sig
It still resounded, full of suffering, searching
Det rungede stadig, fuld af lidelse, søgende
but other voices joined the river
men andre stemmer sluttede sig til floden
there were voices of joy and of suffering
der var stemmer af glæde og lidelse
good and bad voices, laughing and sad ones
gode og dårlige stemmer, leende og triste
a hundred voices, a thousand voices
hundrede stemmer, tusinde stemmer
Siddhartha listened to all these voices
Siddhartha lyttede til alle disse stemmer
He was now nothing but a listener
Han var nu ikke andet end en lytter
he was completely concentrated on listening
han var fuldstændig koncentreret om at lytte
he was completely empty now
han var helt tom nu

he felt that he had now finished learning to listen
han følte, at han nu var færdig med at lære at lytte
Often before, he had heard all this
Ofte før havde han hørt alt dette
he had heard these many voices in the river
han havde hørt disse mange stemmer i floden
today the voices in the river sounded new
i dag lød stemmerne i floden nye
Already, he could no longer tell the many voices apart
Allerede nu kunne han ikke længere kende de mange stemmer fra hinanden
there was no difference between the happy voices and the weeping ones
der var ingen forskel på de glade stemmer og de grædende
the voices of children and the voices of men were one
børns stemmer og mænds stemmer var én
all these voices belonged together
alle disse stemmer hørte sammen
the lamentation of yearning and the laughter of the knowledgeable one
længslens klagesang og den videndes latter
the scream of rage and the moaning of the dying ones
vredesskriget og de døendes stønnen
everything was one and everything was intertwined
alt var ét og alt var flettet sammen
everything was connected and entangled a thousand times
alt var forbundet og viklet tusind gange
everything together, all voices, all goals
alt sammen, alle stemmer, alle mål
all yearning, all suffering, all pleasure
al længsel, al lidelse, al nydelse
all that was good and evil
alt, hvad der var godt og ondt
all of this together was the world
alt dette tilsammen var verden
All of it together was the flow of events

Alt sammen var strømmen af begivenheder
all of it was the music of life
det hele var livets musik
when Siddhartha was listening attentively to this river
da Siddhartha lyttede opmærksomt til denne flod
the song of a thousand voices
de tusind stemmers sang
when he neither listened to the suffering nor the laughter
når han hverken lyttede til lidelsen eller latteren
when he did not tie his soul to any particular voice
når han ikke bandt sin sjæl til nogen bestemt stemme
when he submerged his self into the river
da han sænkede sig selv i floden
but when he heard them all he perceived the whole, the oneness
men da han hørte dem alle, fornemmede han helheden, enhed
then the great song of the thousand voices consisted of a single word
da bestod den store sang af de tusind stemmer af et enkelt ord
this word was Om; the perfection
dette ord var Om; perfektionen

"Do you hear" Vasudeva's gaze asked again
"Hører du" spurgte Vasudevas blik igen
Brightly, Vasudeva's smile was shining
Vasudevas smil skinnede klart
it was floating radiantly over all the wrinkles of his old face
den svævede strålende over alle rynkerne i hans gamle ansigt
the same way the Om was floating in the air over all the voices of the river
på samme måde som Omen svævede i luften over alle flodens stemmer
Brightly his smile was shining, when he looked at his friend
Hans smil skinnede klart, da han så på sin ven
and brightly the same smile was now starting to shine on Siddhartha's face

og det samme smil begyndte nu at skinne på Siddharthas ansigt
His wound had blossomed and his suffering was shining
Hans sår var blomstret op, og hans lidelse skinnede
his self had flown into the oneness
hans selv var fløjet ind i enhed
In this hour, Siddhartha stopped fighting his fate
I denne time holdt Siddhartha op med at kæmpe mod sin skæbne
at the same time he stopped suffering
samtidig holdt han op med at lide
On his face flourished the cheerfulness of a knowledge
I hans ansigt blomstrede en videns munterhed
a knowledge which was no longer opposed by any will
en viden, som ikke længere var imod af nogen vilje
a knowledge which knows perfection
en viden, der kender perfektion
a knowledge which is in agreement with the flow of events
en viden, som er i overensstemmelse med strømmen af begivenheder
a knowledge which is with the current of life
en viden, som er med livets strøm
full of sympathy for the pain of others
fuld af sympati for andres smerte
full of sympathy for the pleasure of others
fuld af sympati for andres glæde
devoted to the flow, belonging to the oneness
viet til strømmen, der hører til enhed
Vasudeva rose from the seat by the bank
Vasudeva rejste sig fra sædet ved banken
he looked into Siddhartha's eyes
han så ind i Siddharthas øjne
and he saw the cheerfulness of the knowledge shining in his eyes
og han så kundskabens munterhed skinne i hans øjne
he softly touched his shoulder with his hand

han rørte blidt ved sin skulder med hånden
"I've been waiting for this hour, my dear"
"Jeg har ventet på denne time, min kære"
"Now that it has come, let me leave"
"Nu hvor det er kommet, lad mig gå"
"For a long time, I've been waiting for this hour"
"I lang tid har jeg ventet på denne time"
"for a long time, I've been Vasudeva the ferryman"
"I lang tid har jeg været Vasudeva færgemanden"
"Now it's enough. Farewell"
"Nu er det nok. Farvel"
"farewell river, farewell Siddhartha!"
"farvel flod, farvel Siddhartha!"
Siddhartha made a deep bow before him who bid his farewell
Siddhartha bukkede dybt for ham, der sagde farvel
"I've known it," he said quietly
"Jeg har vidst det," sagde han stille
"You'll go into the forests?"
"Går du ind i skovene?"
"I'm going into the forests"
"Jeg går ind i skovene"
"I'm going into the oneness" spoke Vasudeva with a bright smile
"Jeg går ind i enhed" sagde Vasudeva med et lyst smil
With a bright smile, he left
Med et lyst smil gik han
Siddhartha watched him leaving
Siddhartha så ham gå
With deep joy, with deep solemnity he watched him leave
Med dyb glæde, med dyb højtidelighed så han ham gå
he saw his steps were full of peace
han så, at hans skridt var fulde af fred
he saw his head was full of lustre
han så hans hoved var fuld af glans
he saw his body was full of light

han så hans krop var fuld af lys

Govinda

Govinda had been with the monks for a long time
Govinda havde været sammen med munkene i lang tid
when not on pilgrimages, he spent his time in the pleasure-garden
når han ikke var på pilgrimsrejse, tilbragte han sin tid i lysthaven
the garden which the courtesan Kamala had given the followers of Gotama
haven, som kurtisanen Kamala havde givet tilhængerne af Gotama
he heard talk of an old ferryman, who lived a day's journey away
han hørte tale om en gammel færgemand, som boede en dagsrejse væk
he heard many regarded him as a wise man
han hørte, at mange betragtede ham som en klog mand
When Govinda went back, he chose the path to the ferry
Da Govinda gik tilbage, valgte han stien til færgen
he was eager to see the ferryman
han var ivrig efter at se færgemanden
he had lived his entire life by the rules
han havde levet hele sit liv efter reglerne
he was looked upon with veneration by the younger monks
han blev betragtet med ærbødighed af de yngre munke
they respected his age and modesty
de respekterede hans alder og beskedenhed
but his restlessness had not perished from his heart
men hans uro var ikke forsvundet fra hans hjerte
he was searching for what he had not found

han ledte efter det, han ikke havde fundet
He came to the river and asked the old man to ferry him over
Han kom til floden og bad den gamle mand om at færge ham over
when they got off the boat on the other side, he spoke with the old man
da de steg af båden på den anden side, talte han med den gamle mand

"**You're very good to us monks and pilgrims**"
"Du er meget god mod os munke og pilgrimme"
"**you have ferried many of us across the river**"
"du har færget mange af os over floden"
"**Aren't you too, ferryman, a searcher for the right path?**"
"Er du ikke også, færgemand, en søgende efter den rette vej?"
smiling from his old eyes, Siddhartha spoke
smilende fra sine gamle øjne talte Siddhartha
"**oh venerable one, do you call yourself a searcher?**"
"åh ærværdige, kalder du dig selv en søgende?"
"**are you still a searcher, although already well in years?**"
"er du stadig en søgende, selvom du allerede er godt i år?"
"**do you search while wearing the robe of Gotama's monks?**"
"søger du, mens du er iført Gotamas munkedragt?"
"**It's true, I'm old," spoke Govinda**
"Det er rigtigt, jeg er gammel," sagde Govinda
"**but I haven't stopped searching**"
"men jeg er ikke holdt op med at søge"
"**I will never stop searching**"
"Jeg vil aldrig stoppe med at søge"
"**this seems to be my destiny**"
"det ser ud til at være min skæbne"
"**You too, so it seems to me, have been searching**"
"Så det forekommer mig at du også har søgt"
"**Would you like to tell me something, oh honourable one?**"
"Vil du fortælle mig noget, åh ærede?"
"**What might I have that I could tell you, oh venerable one?**"

"Hvad kan jeg have, som jeg kunne fortælle dig, åh ærværdige?"
"Perhaps I could tell you that you're searching far too much?"
"Måske kunne jeg fortælle dig, at du søger alt for meget?"
"Could I tell you that you don't make time for finding?"
"Må jeg fortælle dig, at du ikke får tid til at finde?"
"How come?" asked Govinda
"Hvordan kommer det?" spurgte Govinda
"When someone is searching they might only see what they search for"
"Når nogen søger, ser de måske kun det, de søger efter"
"he might not be able to let anything else enter his mind"
"han er måske ikke i stand til at lade noget andet komme ind i hans sind"
"he doesn't see what he is not searching for"
"han kan ikke se, hvad han ikke leder efter"
"because he always thinks of nothing but the object of his search"
"fordi han altid tænker på intet andet end genstanden for sin søgen"
"he has a goal, which he is obsessed with"
"han har et mål, som han er besat af"
"Searching means having a goal"
"Søgning betyder at have et mål"
"But finding means being free, open, and having no goal"
"Men at finde betyder at være fri, åben og ikke have noget mål"
"You, oh venerable one, are perhaps indeed a searcher"
"Du, åh ærværdige, er måske virkelig en søgende"
"because, when striving for your goal, there are many things you don't see"
"fordi, når du stræber efter dit mål, er der mange ting, du ikke ser"
"you might not see things which are directly in front of your eyes"

"du ser måske ikke ting, der er lige foran dine øjne"
"I don't quite understand yet," said Govinda, "what do you mean by this?"
"Jeg forstår det ikke helt endnu," sagde Govinda, "hvad mener du med det her?"
"oh venerable one, you've been at this river before, a long time ago"
"åh ærværdige, du har været ved denne flod før, for længe siden"
"and you have found a sleeping man by the river"
"og du har fundet en sovende mand ved floden"
"you have sat down with him to guard his sleep"
"du har sat dig ned med ham for at vogte hans søvn"
"but, oh Govinda, you did not recognise the sleeping man"
"men åh Govinda, du genkendte ikke den sovende mand"
Govinda was astonished, as if he had been the object of a magic spell
Govinda var forbløffet, som om han havde været genstand for en magisk besværgelse
the monk looked into the ferryman's eyes
munken så ind i færgemandens øjne
"Are you Siddhartha?" he asked with a timid voice
"Er du Siddhartha?" spurgte han med frygtsom stemme
"I wouldn't have recognised you this time either!"
"Jeg ville heller ikke have genkendt dig denne gang!"
"from my heart, I'm greeting you, Siddhartha"
"fra mit hjerte hilser jeg dig, Siddhartha"
"from my heart, I'm happy to see you once again!"
"af mit hjerte, jeg er glad for at se dig igen!"
"You've changed a lot, my friend"
"Du har ændret dig meget, min ven"
"and you've now become a ferryman?"
"og du er nu blevet færgemand?"
In a friendly manner, Siddhartha laughed
På en venlig måde lo Siddhartha
"yes, I am a ferryman"

"Ja, jeg er en færgemand"
"Many people, Govinda, have to change a lot"
"Mange mennesker, Govinda, skal ændre sig meget"
"they have to wear many robes"
"de skal have mange klæder på"
"I am one of those who had to change a lot"
"Jeg er en af dem, der skulle ændre meget"
"Be welcome, Govinda, and spend the night in my hut"
"Vær velkommen, Govinda, og tilbring natten i min hytte"
Govinda stayed the night in the hut
Govinda overnattede i hytten
he slept on the bed which used to be Vasudeva's bed
han sov på sengen, som plejede at være Vasudevas seng
he posed many questions to the friend of his youth
han stillede mange spørgsmål til sin ungdoms ven
Siddhartha had to tell him many things from his life
Siddhartha måtte fortælle ham mange ting fra hans liv

then the next morning came
så kom næste morgen
the time had come to start the day's journey
tiden var inde til at starte dagens rejse
without hesitation, Govinda asked one more question
uden tøven stillede Govinda endnu et spørgsmål
"Before I continue on my path, Siddhartha, permit me to ask one more question"
"Før jeg fortsætter på min vej, Siddhartha, tillad mig at stille et spørgsmål mere"
"Do you have a teaching that guides you?"
"Har du en undervisning, der vejleder dig?"
"Do you have a faith or a knowledge you follow"
"Har du en tro eller en viden, du følger"
"is there a knowledge which helps you to live and do right?"
"er der en viden, der hjælper dig til at leve og gøre rigtigt?"
"You know well, my dear, I have always been distrustful of teachers"

"Du ved godt, min kære, jeg har altid været mistroisk over for lærere"
"as a young man I already started to doubt teachers"
"som ung begyndte jeg allerede at tvivle på lærere"
"when we lived with the penitents in the forest, I distrusted their teachings"
"da vi boede hos de angrende i skoven, mistroede jeg deres lære"
"and I turned my back to them"
"og jeg vendte ryggen til dem"
"I have remained distrustful of teachers"
"Jeg har været mistroisk over for lærere"
"Nevertheless, I have had many teachers since then"
"Alligevel har jeg haft mange lærere siden da"
"A beautiful courtesan has been my teacher for a long time"
"En smuk kurtisane har været min lærer i lang tid"
"a rich merchant was my teacher"
"en rig købmand var min lærer"
"and some gamblers with dice taught me"
"og nogle spillere med terninger lærte mig"
"Once, even a follower of Buddha has been my teacher"
"Engang har selv en tilhænger af Buddha været min lærer"
"he was travelling on foot, pilgering"
"han rejste til fods og pillede"
"and he sat with me when I had fallen asleep in the forest"
"og han sad hos mig, da jeg var faldet i søvn i skoven"
"I've also learned from him, for which I'm very grateful"
"Jeg har også lært af ham, hvilket jeg er meget taknemmelig for"
"But most of all, I have learned from this river"
"Men mest af alt har jeg lært af denne flod"
"and I have learned most from my predecessor, the ferryman Vasudeva"
"og jeg har lært mest af min forgænger, færgemanden Vasudeva"
"He was a very simple person, Vasudeva, he was no thinker"

"Han var en meget simpel person, Vasudeva, han var ingen tænker"
"but he knew what is necessary just as well as Gotama"
"men han vidste lige så godt, hvad der var nødvendigt som Gotama"
"he was a perfect man, a saint"
"han var en perfekt mand, en helgen"
"Siddhartha still loves to mock people, it seems to me"
"Siddhartha elsker stadig at håne folk, det forekommer mig"
"I believe in you and I know that you haven't followed a teacher"
"Jeg tror på dig, og jeg ved, at du ikke har fulgt en lærer"
"But haven't you found something by yourself?"
"Men har du ikke selv fundet noget?"
"though you've found no teachings, you still found certain thoughts"
"Selvom du ikke har fundet nogen lære, fandt du stadig visse tanker"
"certain insights, which are your own"
"visse indsigter, som er dine egne"
"insights which help you to live"
"indsigt, der hjælper dig til at leve"
"Haven't you found something like this?"
"Har du ikke fundet sådan noget?"
"If you would like to tell me, you would delight my heart"
"Hvis du vil fortælle mig det, vil du glæde mit hjerte"
"you are right, I have had thoughts and gained many insights"
"du har ret, jeg har haft tanker og fået mange indsigter"
"Sometimes I have felt knowledge in me for an hour"
"Nogle gange har jeg mærket viden i mig i en time"
"at other times I have felt knowledge in me for an entire day"
"på andre tidspunkter har jeg mærket viden i mig en hel dag"
"the same knowledge one feels when one feels life in one's heart"

"den samme viden, man føler, når man mærker livet i sit hjerte"
"There have been many thoughts"
"Der har været mange tanker"
"but it would be hard for me to convey these thoughts to you"
"men det ville være svært for mig at formidle disse tanker til dig"
"my dear Govinda, this is one of my thoughts which I have found"
"min kære Govinda, dette er en af mine tanker, som jeg har fundet"
"wisdom cannot be passed on"
"visdom kan ikke videregives"
"Wisdom which a wise man tries to pass on always sounds like foolishness"
"Visdom, som en klog mand forsøger at give videre, lyder altid som tåbelighed"
"Are you kidding?" asked Govinda
"Laver du sjov?" spurgte Govinda
"I'm not kidding, I'm telling you what I have found"
"Jeg laver ikke sjov, jeg fortæller dig, hvad jeg har fundet"
"Knowledge can be conveyed, but wisdom can't"
"Viden kan formidles, men visdom kan ikke"
"wisdom can be found, it can be lived"
"visdom kan findes, den kan leves"
"it is possible to be carried by wisdom"
"det er muligt at blive båret af visdom"
"miracles can be performed with wisdom"
"mirakler kan udføres med visdom"
"but wisdom cannot be expressed in words or taught"
"men visdom kan ikke udtrykkes i ord eller undervises"
"This was what I sometimes suspected, even as a young man"
"Det var, hvad jeg nogle gange havde mistanke om, selv som ung mand"

"this is what has driven me away from the teachers"
"det er det, der har drevet mig væk fra lærerne"
"I have found a thought which you'll regard as foolishness"
"Jeg har fundet en tanke, som du vil betragte som tåbelighed"
"but this thought has been my best"
"men denne tanke har været min bedste"
"The opposite of every truth is just as true!"
"Det modsatte af enhver sandhed er lige så sandt!"
"any truth can only be expressed when it is one-sided"
"enhver sandhed kan kun udtrykkes, når den er ensidig"
"only one sided things can be put into words"
"kun ensidige ting kan sættes ord på"
"Everything which can be thought is one-sided"
"Alt, der kan tænkes, er ensidigt"
"it's all one-sided, so it's just one half"
"det hele er ensidigt, så det er kun den ene halvdel"
"it all lacks completeness, roundness, and oneness"
"det hele mangler fuldstændighed, rundhed og enhed"
"the exalted Gotama spoke in his teachings of the world"
"den ophøjede Gotama talte i sin lære om verden"
"but he had to divide the world into Sansara and Nirvana"
"men han var nødt til at opdele verden i Sansara og Nirvana"
"he had divided the world into deception and truth"
"han havde opdelt verden i bedrag og sandhed"
"he had divided the world into suffering and salvation"
"han havde delt verden i lidelse og frelse"
"the world cannot be explained any other way"
"verden kan ikke forklares på anden måde"
"there is no other way to explain it, for those who want to teach"
"der er ingen anden måde at forklare det på, for dem, der ønsker at undervise"
"But the world itself is never one-sided"
"Men selve verden er aldrig ensidig"
"the world exists around us and inside of us"
"verden eksisterer omkring os og inde i os"

"A person or an act is never entirely Sansara or entirely Nirvana"
"En person eller en handling er aldrig helt Sansara eller helt Nirvana"
"a person is never entirely holy or entirely sinful"
"en person er aldrig helt hellig eller fuldstændig syndig"
"It seems like the world can be divided into these opposites"
"Det ser ud til, at verden kan opdeles i disse modsætninger"
"but that's because we are subject to deception"
"men det er fordi vi er udsat for bedrag"
"it's as if the deception was something real"
"det er som om bedraget var noget virkeligt"
"Time is not real, Govinda"
"Tiden er ikke rigtig, Govinda"
"I have experienced this often and often again"
"Jeg har oplevet dette ofte og ofte igen"
"when time is not real, the gap between the world and the eternity is also a deception"
"når tiden ikke er virkelig, er kløften mellem verden og evigheden også et bedrag"
"the gap between suffering and blissfulness is not real"
"gabet mellem lidelse og lyksalighed er ikke reelt"
"there is no gap between evil and good"
"der er ingen kløft mellem det onde og det gode"
"all of these gaps are deceptions"
"alle disse huller er bedrag"
"but these gaps appear to us nonetheless"
"men disse huller forekommer os ikke desto mindre"
"How come?" asked Govinda timidly
"Hvordan kommer det?" spurgte Govinda frygtsomt
"Listen well, my dear," answered Siddhartha
"Hør godt, min kære," svarede Siddhartha
"The sinner, which I am and which you are, is a sinner"
"Synderen, som jeg er, og som du er, er en synder"
"but in times to come the sinner will be Brahma again"
"men i de kommende tider vil synderen være Brahma igen"

"he will reach the Nirvana and be Buddha"
"han vil nå Nirvana og være Buddha"
"the times to come are a deception"
"de kommende tider er et bedrag"
"the times to come are only a parable!"
"De kommende tider er kun en lignelse!"
"The sinner is not on his way to become a Buddha"
"Synderen er ikke på vej til at blive en Buddha"
"he is not in the process of developing"
"han er ikke i gang med at udvikle sig"
"our capacity for thinking does not know how else to picture these things"
"vores evne til at tænke ved ikke, hvordan vi ellers skal forestille os disse ting"
"No, within the sinner there already is the future Buddha"
"Nej, inden i synderen er der allerede den fremtidige Buddha"
"his future is already all there"
"hans fremtid er der allerede"
"you have to worship the Buddha in the sinner"
"du skal tilbede Buddha i synderen"
"you have to worship the Buddha hidden in everyone"
"du skal tilbede Buddha skjult i alle"
"the hidden Buddha which is coming into being the possible"
"den skjulte Buddha, som bliver til det mulige"
"The world, my friend Govinda, is not imperfect"
"Verden, min ven Govinda, er ikke uperfekt"
"the world is on no slow path towards perfection"
"verden er på ingen langsom vej mod perfektion"
"no, the world is perfect in every moment"
"nej, verden er perfekt i hvert øjeblik"
"all sin already carries the divine forgiveness in itself"
"al synd bærer allerede den guddommelige tilgivelse i sig selv"
"all small children already have the old person in themselves"

"alle små børn har allerede den gamle i sig selv"
"all infants already have death in them"
"alle spædbørn har allerede døden i sig"
"all dying people have the eternal life"
"alle døende mennesker har det evige liv"
"we can't see how far another one has already progressed on his path"
"Vi kan ikke se, hvor langt en anden allerede er nået på sin vej"
"in the robber and dice-gambler, the Buddha is waiting"
"i røveren og terningspilleren venter Buddha"
"in the Brahman, the robber is waiting"
"i Brahmanen venter røveren"
"in deep meditation, there is the possibility to put time out of existence"
"i dyb meditation er der mulighed for at sætte tiden ud af tilværelsen"
"there is the possibility to see all life simultaneously"
"der er mulighed for at se alt liv samtidigt"
"it is possible to see all life which was, is, and will be"
"det er muligt at se alt liv, som var, er og vil være"
"and there everything is good, perfect, and Brahman"
"og der er alt godt, perfekt og brahman"
"Therefore, I see whatever exists as good"
"Derfor ser jeg, hvad der eksisterer som godt"
"death is to me like life"
"døden er for mig som livet"
"to me sin is like holiness"
"for mig er synd som hellighed"
"wisdom can be like foolishness"
"visdom kan være som tåbelighed"
"everything has to be as it is"
"alt skal være som det er"
"everything only requires my consent and willingness"
"alt kræver kun mit samtykke og vilje"

"all that my view requires is my loving agreement to be good for me"
"alt hvad mit syn kræver, er min kærlige aftale om at være god for mig"
"my view has to do nothing but work for my benefit"
"mit syn skal ikke gøre andet end at arbejde til min fordel"
"and then my perception is unable to ever harm me"
"og så er min opfattelse aldrig i stand til at skade mig"
"I have experienced that I needed sin very much"
"Jeg har oplevet, at jeg havde meget brug for synd"
"I have experienced this in my body and in my soul"
"Jeg har oplevet dette i min krop og i min sjæl"
"I needed lust, the desire for possessions, and vanity"
"Jeg havde brug for begær, lyst til ejendele og forfængelighed"
"and I needed the most shameful despair"
"og jeg havde brug for den mest skammelige fortvivlelse"
"in order to learn how to give up all resistance"
"for at lære at opgive al modstand"
"in order to learn how to love the world"
"for at lære at elske verden"
"in order to stop comparing things to some world I wished for"
"for at stoppe med at sammenligne ting med en verden, jeg ønskede mig"
"I imagined some kind of perfection I had made up"
"Jeg forestillede mig en form for perfektion, jeg havde fundet på"
"but I have learned to leave the world as it is"
"men jeg har lært at forlade verden som den er"
"I have learned to love the world as it is"
"Jeg har lært at elske verden, som den er"
"and I learned to enjoy being a part of it"
"og jeg lærte at nyde at være en del af det"
"These, oh Govinda, are some of the thoughts which have come into my mind"

"Dette, åh Govinda, er nogle af de tanker, der er kommet ind i mit sind"

Siddhartha bent down and picked up a stone from the ground
Siddhartha bøjede sig ned og samlede en sten op fra jorden
he weighed the stone in his hand
han vejede stenen i hånden
"This here," he said playing with the rock, "is a stone"
"Det her," sagde han og legede med klippen, "er en sten"
"this stone will, after a certain time, perhaps turn into soil"
"denne sten vil efter en vis tid måske blive til jord"
"it will turn from soil into a plant or animal or human being"
"det vil blive fra jord til en plante eller et dyr eller et menneske"
"In the past, I would have said this stone is just a stone"
"Tidligere ville jeg have sagt, at denne sten bare er en sten"
"I might have said it is worthless"
"Jeg kunne have sagt, at det er værdiløst"
"I would have told you this stone belongs to the world of the Maya"
"Jeg ville have fortalt dig, at denne sten tilhører Mayaernes verden"
"but I wouldn't have seen that it has importance"
"men jeg ville ikke have set, at det har betydning"
"it might be able to become a spirit in the cycle of transformations"
"det kan måske blive en ånd i transformationscyklussen"
"therefore I also grant it importance"
"derfor tillægger jeg det også betydning"
"Thus, I would perhaps have thought in the past"
"Således ville jeg måske have tænkt i fortiden"
"But today I think differently about the stone"
"Men i dag tænker jeg anderledes om stenen"
"this stone is a stone, and it is also animal, god, and Buddha"
"denne sten er en sten, og den er også dyr, gud og Buddha"

"I do not venerate and love it because it could turn into this or that"
"Jeg ærer og elsker det ikke, fordi det kunne blive til dette eller hint"
"I love it because it is those things"
"Jeg elsker det, fordi det er de ting"
"this stone is already everything"
"denne sten er allerede alt"
"it appears to me now and today as a stone"
"det fremstår for mig nu og i dag som en sten"
"that is why I love this"
"det er derfor jeg elsker det her"
"that is why I see worth and purpose in each of its veins and cavities"
"det er derfor, jeg ser værdi og formål i hver af dens årer og hulrum"
"I see value in its yellow, gray, and hardness"
"Jeg ser værdi i dens gule, grå og hårdhed"
"I appreciated the sound it makes when I knock at it"
"Jeg satte pris på den lyd, det giver, når jeg banker på den"
"I love the dryness or wetness of its surface"
"Jeg elsker tørheden eller fugtigheden af dens overflade"
"There are stones which feel like oil or soap"
"Der er sten, der føles som olie eller sæbe"
"and other stones feel like leaves or sand"
"og andre sten føles som blade eller sand"
"and every stone is special and prays the Om in its own way"
"og hver sten er speciel og beder Om på sin egen måde"
"each stone is Brahman"
"hver sten er Brahman"
"but simultaneously, and just as much, it is a stone"
"men samtidig og lige så meget er det en sten"
"it is a stone regardless of whether it's oily or juicy"
"det er en sten, uanset om den er fedtet eller saftig"
"and this why I like and regard this stone"
"og det er derfor, jeg kan lide og betragte denne sten"

"it is wonderful and worthy of worship"
"det er vidunderligt og værd at tilbede"
"But let me speak no more of this"
"Men lad mig ikke tale mere om dette"
"words are not good for transmitting the secret meaning"
"ord er ikke gode til at overføre den hemmelige betydning"
"everything always becomes a bit different, as soon as it is put into words"
"alt bliver altid lidt anderledes, så snart det bliver sat ord på"
"everything gets distorted a little by words"
"alt bliver lidt forvrænget af ord"
"and then the explanation becomes a bit silly"
"og så bliver forklaringen lidt fjollet"
"yes, and this is also very good, and I like it a lot"
"ja, og det her er også meget godt, og jeg holder meget af det"
"I also very much agree with this"
"Det er jeg også meget enig i"
"one man's treasure and wisdom always sounds like foolishness to another person"
"en mands skat og visdom lyder altid som tåbelighed for en anden person"
Govinda listened silently to what Siddhartha was saying
Govinda lyttede tavst til, hvad Siddhartha sagde
there was a pause and Govinda hesitantly asked a question
der var en pause, og Govinda stillede tøvende et spørgsmål
"Why have you told me this about the stone?"
"Hvorfor har du fortalt mig dette om stenen?"
"I did it without any specific intention"
"Jeg gjorde det uden nogen specifik hensigt"
"perhaps what I meant was, that I love this stone and the river"
"måske det jeg mente var, at jeg elsker denne sten og floden"
"and I love all these things we are looking at"
"og jeg elsker alle disse ting, vi ser på"
"and we can learn from all these things"
"og vi kan lære af alle disse ting"

"I can love a stone, Govinda"
"Jeg kan elske en sten, Govinda"
"and I can also love a tree or a piece of bark"
"og jeg kan også elske et træ eller et stykke bark"
"These are things, and things can be loved"
"Dette er ting, og ting kan elskes"
"but I cannot love words"
"men jeg kan ikke elske ord"
"therefore, teachings are no good for me"
"Derfor er læren ikke god for mig"
"teachings have no hardness, softness, colours, edges, smell, or taste"
"lære har ingen hårdhed, blødhed, farver, kanter, lugt eller smag"
"teachings have nothing but words"
"lære har intet andet end ord"
"perhaps it is words which keep you from finding peace"
"måske er det ord, der holder dig fra at finde fred"
"because salvation and virtue are mere words"
"fordi frelse og dyd er blot ord"
"Sansara and Nirvana are also just mere words, Govinda"
"Sansara og Nirvana er også bare ord, Govinda"
"there is no thing which would be Nirvana"
"der er ingen ting, der ville være Nirvana"
"therefore Nirvana is just the word"
" derfor er Nirvana bare ordet"
Govinda objected, "Nirvana is not just a word, my friend"
Govinda indvendte: "Nirvana er ikke bare et ord, min ven"
"Nirvana is a word, but also it is a thought"
"Nirvana er et ord, men det er også en tanke"
Siddhartha continued, "it might be a thought"
Siddhartha fortsatte, "det kunne være en tanke"
"I must confess, I don't differentiate much between thoughts and words"
"Jeg må indrømme, jeg skelner ikke meget mellem tanker og ord"

"to be honest, I also have no high opinion of thoughts"
"hvis jeg skal være ærlig, har jeg heller ingen høj mening om tanker"
"I have a better opinion of things than thoughts"
"Jeg har en bedre mening om tingene end tanker"
"Here on this ferry-boat, for instance, a man has been my predecessor"
"Her på denne færge, for eksempel, har en mand været min forgænger"
"he was also one of my teachers"
"han var også en af mine lærere"
"a holy man, who has for many years simply believed in the river"
"en hellig mand, som i mange år blot har troet på floden"
"and he believed in nothing else"
"og han troede ikke på andet"
"He had noticed that the river spoke to him"
"Han havde bemærket, at floden talte til ham"
"he learned from the river"
"han lærte af floden"
"the river educated and taught him"
"floden uddannede og lærte ham"
"the river seemed to be a god to him"
"floden syntes at være en gud for ham"
"for many years he did not know that everything was as divine as the river"
"i mange år vidste han ikke, at alt var så guddommeligt som floden"
"the wind, every cloud, every bird, every beetle"
"vinden, hver sky, hver fugl, hver bille"
"they can teach just as much as the river"
"de kan lære lige så meget som floden"
"But when this holy man went into the forests, he knew everything"
"Men da denne hellige mand gik ind i skovene, vidste han alt"
"he knew more than you and me, without teachers or books"

"han vidste mere end dig og mig, uden lærere eller bøger"
"he knew more than us only because he had believed in the river"
"han vidste mere end os, kun fordi han havde troet på floden"

Govinda still had doubts and questions
Govinda havde stadig tvivl og spørgsmål
"But is that what you call things actually something real?"
"Men er det, hvad du kalder tingene faktisk noget virkeligt?"
"do these things have existence?"
"eksisterer disse ting?"
"Isn't it just a deception of the Maya"
"Er det ikke bare et bedrag af Mayaerne"
"aren't all these things an image and illusion?"
"Er alle disse ting ikke et billede og en illusion?"
"Your stone, your tree, your river"
"Din sten, dit træ, din flod"
"are they actually a reality?"
"er de faktisk en realitet?"
"This too," spoke Siddhartha, "I do not care very much about"
"Også dette," sagde Siddhartha, "jeg er ligeglad med det"
"Let the things be illusions or not"
"Lad tingene være illusioner eller ej"
"after all, I would then also be an illusion"
"jeg ville jo da også være en illusion"
"and if these things are illusions then they are like me"
"og hvis disse ting er illusioner, så er de ligesom mig"
"This is what makes them so dear and worthy of veneration for me"
"Det er det, der gør dem så kære og værdige til ære for mig"
"these things are like me and that is how I can love them"
"disse ting er ligesom mig, og det er sådan jeg kan elske dem"
"this is a teaching you will laugh about"
"det er en lære, du vil grine af"

"love, oh Govinda, seems to me to be the most important thing of all"
"Kærlighed, åh Govinda, forekommer mig at være det vigtigste af alt"
"to thoroughly understand the world may be what great thinkers do"
"at grundigt forstå verden kan være, hvad store tænkere gør"
"they explain the world and despise it"
"de forklarer verden og foragter den"
"But I'm only interested in being able to love the world"
"Men jeg er kun interesseret i at kunne elske verden"
"I am not interested in despising the world"
"Jeg er ikke interesseret i at foragte verden"
"I don't want to hate the world"
"Jeg vil ikke hade verden"
"and I don't want the world to hate me"
"og jeg vil ikke have, at verden hader mig"
"I want to be able to look upon the world and myself with love"
"Jeg vil være i stand til at se på verden og mig selv med kærlighed"
"I want to look upon all beings with admiration"
"Jeg vil se på alle væsener med beundring"
"I want to have a great respect for everything"
"Jeg vil have stor respekt for alt"
"This I understand," spoke Govinda
"Det forstår jeg," sagde Govinda
"But this very thing was discovered by the exalted one to be a deception"
"Men netop denne ting blev opdaget af den ophøjede som et bedrag"
"He commands benevolence, clemency, sympathy, tolerance"
"Han befaler velvilje, nåde, sympati, tolerance"
"but he does not command love"
"men han befaler ikke kærlighed"
"he forbade us to tie our heart in love to earthly things"

"han forbød os at binde vores hjerte i kærlighed til jordiske ting"
"I know it, Govinda," said Siddhartha, and his smile shone golden
"Jeg ved det, Govinda," sagde Siddhartha, og hans smil skinnede gyldent
"And behold, with this we are right in the thicket of opinions"
"Og se, hermed er vi lige i meningernes krat"
"now we are in the dispute about words"
"nu er vi i striden om ord"
"For I cannot deny, my words of love are a contradiction"
"For jeg kan ikke benægte, mine kærlighedsord er en selvmodsigelse"
"they seem to be in contradiction with Gotama's words"
"de synes at være i modstrid med Gotamas ord"
"For this very reason, I distrust words so much"
"Netop af denne grund har jeg så stor mistillid til ord"
"because I know this contradiction is a deception"
"fordi jeg ved, at denne modsigelse er et bedrag"
"I know that I am in agreement with Gotama"
"Jeg ved, at jeg er enig med Gotama"
"How could he not know love when he has discovered all elements of human existence"
"Hvordan kunne han ikke kende kærligheden, når han har opdaget alle elementer i den menneskelige eksistens"
"he has discovered their transitoriness and their meaninglessness"
"han har opdaget deres forgængelighed og deres meningsløshed"
"and yet he loved people very much"
"og alligevel elskede han mennesker meget højt"
"he used a long, laborious life only to help and teach them!"
"han brugte et langt, møjsommeligt liv kun til at hjælpe og lære dem!"

"Even with your great teacher, I prefer things over the words"
"Selv med din gode lærer foretrækker jeg tingene frem for ordene"
"I place more importance on his acts and life than on his speeches"
"Jeg lægger større vægt på hans handlinger og liv end på hans taler"
"I value the gestures of his hand more than his opinions"
"Jeg værdsætter hans hånds bevægelser mere end hans meninger"
"for me there was nothing in his speech and thoughts"
"for mig var der intet i hans tale og tanker"
"I see his greatness only in his actions and in his life"
"Jeg ser kun hans storhed i hans handlinger og i hans liv"

For a long time, the two old men said nothing
I lang tid sagde de to gamle mænd ingenting
Then Govinda spoke, while bowing for a farewell
Så talte Govinda, mens han bøjede sig for et farvel
"I thank you, Siddhartha, for telling me some of your thoughts"
"Jeg takker dig, Siddhartha, for at fortælle mig nogle af dine tanker"
"These thoughts are partially strange to me"
"Disse tanker er delvist mærkelige for mig"
"not all of these thoughts have been instantly understandable to me"
"ikke alle disse tanker har været umiddelbart forståelige for mig"
"This being as it may, I thank you"
"Sådan det nu er, takker jeg dig"
"and I wish you to have calm days"
"og jeg ønsker dig rolige dage"
But secretly he thought something else to himself
Men i hemmelighed tænkte han noget andet for sig selv

"This Siddhartha is a bizarre person"
"Denne Siddhartha er en bizar person"
"he expresses bizarre thoughts"
"han udtrykker bizarre tanker"
"his teachings sound foolish"
"hans lære lyder tåbeligt"
"the exalted one's pure teachings sound very different"
"den ophøjedes rene lære lyder meget anderledes"
"those teachings are clearer, purer, more comprehensible"
"denne lære er klarere, renere, mere forståelig"
"there is nothing strange, foolish, or silly in those teachings"
"der er intet mærkeligt, tåbeligt eller fjollet i den lære"
"But Siddhartha's hands seemed different from his thoughts"
"Men Siddharthas hænder virkede anderledes end hans tanker"
"his feet, his eyes, his forehead, his breath"
"hans fødder, hans øjne, hans pande, hans ånde"
"his smile, his greeting, his walk"
"hans smil, hans hilsen, hans gang"
"I haven't met another man like him since Gotama became one with the Nirvana"
"Jeg har ikke mødt en anden mand som ham, siden Gotama blev ét med Nirvana"
"since then I haven't felt the presence of a holy man"
"siden da har jeg ikke følt tilstedeværelsen af en hellig mand"
"I have only found Siddhartha, who is like this"
"Jeg har kun fundet Siddhartha, som er sådan her"
"his teachings may be strange and his words may sound foolish"
"hans lære kan være mærkelig, og hans ord kan lyde tåbelige"
"but purity shines out of his gaze and hand"
"men renhed skinner ud af hans blik og hånd"
"his skin and his hair radiates purity"
"hans hud og hans hår udstråler renhed"
"purity shines out of every part of him"

"renhed skinner ud af alle dele af ham"
"a calmness, cheerfulness, mildness and holiness shines from him"
"en ro, munterhed, mildhed og hellighed skinner fra ham"
"something which I have seen in no other person"
"noget, som jeg ikke har set hos nogen anden person"
"I have not seen it since the final death of our exalted teacher"
"Jeg har ikke set det siden vores ophøjede lærers endelige død"
While Govinda thought like this, there was a conflict in his heart
Mens Govinda tænkte sådan, var der en konflikt i hans hjerte
he once again bowed to Siddhartha
han bøjede sig endnu engang for Siddhartha
he felt he was drawn forward by love
han følte, at han blev trukket frem af kærlighed
he bowed deeply to him who was calmly sitting
han bøjede sig dybt for ham, der sad roligt
"Siddhartha," he spoke, "we have become old men"
"Siddhartha," sagde han, "vi er blevet gamle mænd"
"It is unlikely for one of us to see the other again in this incarnation"
"Det er usandsynligt for en af os at se den anden igen i denne inkarnation"
"I see, beloved, that you have found peace"
"Jeg ser, elskede, at du har fundet fred"
"I confess that I haven't found it"
"Jeg indrømmer, at jeg ikke har fundet det"
"Tell me, oh honourable one, one more word"
"Sig mig, åh ærede, et ord mere"
"give me something on my way which I can grasp"
"giv mig noget på min vej, som jeg kan forstå"
"give me something which I can understand!"
"giv mig noget, som jeg kan forstå!"
"give me something I can take with me on my path"
"giv mig noget, jeg kan tage med mig på min vej"

"my path is often hard and dark, Siddhartha"
"min vej er ofte hård og mørk, Siddhartha"
Siddhartha said nothing and looked at him
Siddhartha sagde intet og så på ham
he looked at him with his ever unchanged, quiet smile
han så på ham med sit altid uforandrede, stille smil
Govinda stared at his face with fear
Govinda stirrede på hans ansigt med frygt
there was yearning and suffering in his eyes
der var længsel og lidelse i hans øjne
the eternal search was visible in his look
den evige søgen var synlig i hans blik
you could see his eternal inability to find
man kunne se hans evige manglende evne til at finde
Siddhartha saw it and smiled
Siddhartha så det og smilede
"Bend down to me!" he whispered quietly in Govinda's ear
"Bøj dig ned til mig!" hviskede han stille i Govindas øre
"Like this, and come even closer!"
"Sådan, og kom endnu tættere på!"
"Kiss my forehead, Govinda!"
"Kys min pande, Govinda!"
Govinda was astonished, but drawn on by great love and expectation
Govinda var forbløffet, men tiltrukket af stor kærlighed og forventning
he obeyed his words and bent down closely to him
han adlød hans ord og bøjede sig tæt til ham
and he touched his forehead with his lips
og han rørte ved sin pande med sine læber
when he did this, something miraculous happened to him
da han gjorde dette, skete der noget mirakuløst med ham
his thoughts were still dwelling on Siddhartha's wondrous words
hans tanker dvælede stadig ved Siddharthas vidunderlige ord
he was still reluctantly struggling to think away time

han kæmpede stadig modvilligt med at tænke tiden væk
he was still trying to imagine Nirvana and Sansara as one
han forsøgte stadig at forestille sig Nirvana og Sansara som én
there was still a certain contempt for the words of his friend
der var stadig en vis foragt for hans vens ord
those words were still fighting in him
disse ord kæmpede stadig i ham
those words were still fighting against an immense love and veneration
disse ord kæmpede stadig mod en enorm kærlighed og ærbødighed
and during all these thoughts, something else happened to him
og under alle disse tanker skete der noget andet med ham
He no longer saw the face of his friend Siddhartha
Han så ikke længere sin ven Siddharthas ansigt
instead of Siddhartha's face, he saw other faces
i stedet for Siddharthas ansigt så han andre ansigter
he saw a long sequence of faces
han så en lang række af ansigter
he saw a flowing river of faces
han så en strømmende flod af ansigter
hundreds and thousands of faces, which all came and disappeared
hundreder og tusinder af ansigter, som alle kom og forsvandt
and yet they all seemed to be there simultaneously
og alligevel syntes de alle at være der samtidig
they constantly changed and renewed themselves
de forandrede sig og fornyede sig hele tiden
they were themselves and they were still all Siddhartha's face
de var sig selv, og de var stadig alle Siddharthas ansigt
he saw the face of a fish with an infinitely painfully opened mouth
han så ansigtet af en fisk med en uendeligt smertefuldt åben mund

the face of a dying fish, with fading eyes
ansigtet af en døende fisk, med falmende øjne
he saw the face of a new-born child, red and full of wrinkles
han så ansigtet på et nyfødt barn, rødt og fyldt med rynker
it was distorted from crying
det var forvrænget af gråd
he saw the face of a murderer
han så ansigtet på en morder
he saw him plunging a knife into the body of another person
han så ham kaste en kniv ind i en anden persons krop
he saw, in the same moment, this criminal in bondage
han så i samme øjeblik denne forbryder i trældom
he saw him kneeling before a crowd
han så ham knæle foran en menneskemængde
and he saw his head being chopped off by the executioner
og han så sit hoved blive hugget af af bødlen
he saw the bodies of men and women
han så ligene af mænd og kvinder
they were naked in positions and cramps of frenzied love
de var nøgne i stillinger og kramper af vanvittig kærlighed
he saw corpses stretched out, motionless, cold, void
han så lig udstrakte, ubevægelige, kolde, tomme
he saw the heads of animals
han så dyrenes hoveder
heads of boars, of crocodiles, and of elephants
hoveder af orne, krokodiller og elefanter
he saw the heads of bulls and of birds
han så hovedet af tyre og fugle
he saw gods; Krishna and Agni
han så guder; Krishna og Agni
he saw all of these figures and faces in a thousand relationships with one another
han så alle disse skikkelser og ansigter i tusinde forhold til hinanden
each figure was helping the other

hver figur hjalp den anden
each figure was loving their relationship
hver figur elskede deres forhold
each figure was hating their relationship, destroying it
hver figur hadede deres forhold og ødelagde det
and each figure was giving re-birth to their relationship
og hver figur genfødte deres forhold
each figure was a will to die
hver figur var en vilje til at dø
they were passionately painful confessions of transitoriness
de var lidenskabeligt smertefulde bekendelser om forgængelighed
and yet none of them died, each one only transformed
og dog døde ingen af dem, hver enkelt blev kun forvandlet
they were always reborn and received more and more new faces
de blev altid genfødt og fik flere og flere nye ansigter
no time passed between the one face and the other
der gik ingen tid mellem det ene ansigt og det andet
all of these figures and faces rested
alle disse skikkelser og ansigter hvilede
they flowed and generated themselves
de flød og skabte sig selv
they floated along and merged with each other
de svævede med og smeltede sammen med hinanden
and they were all constantly covered by something thin
og de var alle bestandig dækket af noget tyndt
they had no individuality of their own
de havde ingen egen individualitet
but yet they were existing
men alligevel eksisterede de
they were like a thin glass or ice
de var som et tyndt glas eller is
they were like a transparent skin
de var som en gennemsigtig hud
they were like a shell or mould or mask of water

de var som en skal eller en form eller en maske af vand
and this mask was smiling
og denne maske smilede
and this mask was Siddhartha's smiling face
og denne maske var Siddharthas smilende ansigt
the mask which Govinda was touching with his lips
masken, som Govinda rørte ved med sine læber
And, Govinda saw it like this
Og Govinda så det sådan her
the smile of the mask
maskens smil
the smile of oneness above the flowing forms
enhedssmilet over de flydende former
the smile of simultaneousness above the thousand births and deaths
samtidighedens smil over de tusinde fødsler og dødsfald
the smile of Siddhartha's was precisely the same
smilet hos Siddhartha var præcis det samme
Siddhartha's smile was the same as the quiet smile of Gotama, the Buddha
Siddharthas smil var det samme som Gotama, Buddhas stille smil
it was delicate and impenetrable smile
det var et sart og uigennemtrængeligt smil
perhaps it was benevolent and mocking, and wise
måske var det velvilligt og spottende og klogt
the thousand-fold smile of Gotama, the Buddha
Gotama, Buddhas tusindfold smil
as he had seen it himself with great respect a hundred times
som han selv havde set det med stor respekt hundrede gange
Like this, Govinda knew, the perfected ones are smiling
Sådan, vidste Govinda, smiler de fuldkomne
he did not know anymore whether time existed
han vidste ikke længere, om tiden fandtes
he did not know whether the vision had lasted a second or a hundred years

han vidste ikke, om synet havde varet et sekund eller
hundrede år
he did not know whether a Siddhartha or a Gotama existed
han vidste ikke, om der eksisterede en Siddhartha eller en
Gotama
he did not know if a me or a you existed
han vidste ikke, om et mig eller et du eksisterede
he felt in his as if he had been wounded by a divine arrow
han følte i sit, som om han var blevet såret af en guddommelig
pil
the arrow pierced his innermost self
pilen gennemborede hans inderste
the injury of the divine arrow tasted sweet
skaden af den guddommelige pil smagte sødt
Govinda was enchanted and dissolved in his innermost self
Govinda var fortryllet og opløst i sit inderste
he stood still for a little while
han stod stille lidt
he bent over Siddhartha's quiet face, which he had just kissed
han bøjede sig over Siddharthas stille ansigt, som han lige havde kysset
the face in which he had just seen the scene of all manifestations
det ansigt, hvori han lige havde set scenen for alle manifestationer
the face of all transformations and all existence
ansigtet af alle transformationer og al eksistens
the face he was looking at was unchanged
ansigtet han så på var uændret
under its surface, the depth of the thousand folds had closed up again
under dens overflade var dybden af de tusinde folder lukket igen
he smiled silently, quietly, and softly
han smilede stille, stille og sagte

perhaps he smiled very benevolently and mockingly
måske smilede han meget velvilligt og hånende
precisely this was how the exalted one smiled
netop sådan smilede den ophøjede
Deeply, Govinda bowed to Siddhartha
Dybt bøjede Govinda sig for Siddhartha
tears he knew nothing of ran down his old face
tårer, han intet kendte til, løb ned over hans gamle ansigt
his tears burned like a fire of the most intimate love
hans tårer brændte som en ild af den mest inderlige kærlighed
he felt the humblest veneration in his heart
han mærkede den ydmygeste ære i sit hjerte
Deeply, he bowed, touching the ground
Dybt bukkede han og rørte ved jorden
he bowed before him who was sitting motionlessly
han bøjede sig for ham, der sad ubevægelig
his smile reminded him of everything he had ever loved in his life
hans smil mindede ham om alt, hvad han nogensinde havde elsket i sit liv
his smile reminded him of everything in his life that he found valuable and holy
hans smil mindede ham om alt i hans liv, som han fandt værdifuldt og helligt

www.ingramcontent.com/pod-product-compliance
Lightning Source LLC
Chambersburg PA
CBHW012002090526
44590CB00026B/3839